Star
星出版

新觀點
新思維
新眼界

一瞬で人生を変える
お金の秘密

快樂錢商

happy money

檢視你對金錢的情感，找出你的心靈創傷
常保真心，掌握 5 步驟，創造 Happy Money 金流

Ken Honda 本田 健 著
張婷婷——譯

謹將這本書獻給曾經教導我各種金錢觀的人士，

以及未來想跟金錢保持良好關係的人。

目錄

前言

第1章 對你來說，金錢是什麼？

第2章 金錢IQ與EQ

第3章

金錢與你的人生：你在用錢，還是被錢所用？

第4章

金錢的流通：Happy Money金流＆Unhappy Money金流

第5章

金錢的未來

日文版自序

「快樂錢商」概念緣起

謝謝你拿起這本書。

本書是由Ken Honda所著，由本田健自己翻譯，非常罕見一人分飾兩角寫成的一本書。我先前曾經出版超過一百四十本書，這是首次先以英文出版、再發行日文版的一本書。

本書內容我構思了二十年，並以非母語的英文寫成，花了三年的時間，卻裝滿了我作家人生截至目前為止的精華。先前，我在日本寫過許多以「幸福的小富人」、「經濟自由人」、「大富豪」等辭彙為書名關鍵字的書籍，主題一貫都是「金錢與幸福」。

這次這本書即將在全世界出版，我認真思考「人類的共同主題是什麼？」，結果就是「快樂錢商」（Happy Money）這個概念的誕生。

「在這個世界上，有快樂的金錢與不快樂的金錢」，發現了這一點，自己的選擇就會增加。

我希望以本書作為開端，幫助與金錢維持快樂關係的人逐漸增加。

寫在前面

你的錢是帶著滿面笑容的嗎？

以前我曾經遇過一件奇怪的事，就是因為那件事，才讓我想到這本書的書名和構想。

那是在某場派對裡，有一位剛認識的女士拜託我一件事。

「可以讓我看看你錢包裡的東西嗎？」

遇到這種請求，有些人應該會覺得很訝異吧。不過，「名人是如何使用錢包的？」這種雜誌特輯好像很受歡迎，所以偶爾會有人拜託我讓他們看一下錢包。

那個房間裡的人很多，我不認為那位女士會拿著我的錢包逃走，所以我幾乎沒有猶豫，就把皮夾給她看了。

儘管如此，我還是嚇了一跳，因為她立刻就打開來看錢包裡的東西，然後把大額鈔票全部抽出來。

「這張不要緊。這張及格了。這張也及格了。」

她一張張檢查，這麼喃喃自語著。

「好棒！你的錢每一張的感覺都很好」，她這麼說著，又把紙鈔整齊地放回錢包裡，交還給我。

「太好了。」我這麼回答著，即使搞不清楚狀況，但是能夠通過她的檢查，我也莫名覺得安心。

「如果可以的話，請問妳剛才都看了些什麼呢？」

「我在檢查你的錢是不是正在笑喔。」

她這麼回答我，然後說：**「錢啊，要看你怎麼收進來、怎麼付出去的，有時會笑，有時也會哭呢。」**

據說，人如果帶著罪惡感或憤怒、悲傷的情緒支付出去的金錢，就是「哭泣的錢」。另一方面，如果是帶著愛或感謝的心情、幸福的感覺支付出去的金錢，則會「微笑」、「笑出聲音來」。因為這樣的錢，會持有付出金錢的人的正能量。

錢會笑？也會哭？

對我來說，這成為我對金錢的全新看法的開端。

看到公園裡的母子，我決定一件事

我的人生在金錢上一直都很有福氣。小時候，擔任稅務士的父親，就讓我接受金錢方面的帝王教育，因此我二十歲的時候就決定「三十歲前要成為幸福、富足的人。」於是，我從事管理顧問、會計等工作，在二字頭的時候就賺到很多錢。也因為各種幸運層層交疊，我在二十九歲時因為女兒誕生，決定夫妻兩人要專心養育孩子。

專注養育孩子的四年間，是我人生中最棒、最幸福的時期，這個決定也是我人生中最好的決定。我之所以可以這麼說，並不只是因為我能有許多時間跟女兒相處，還因為在陪伴女兒的時候，我想到展開自己的第二職涯——幫助成千上萬的人生活得更幸福、富足、安穩。

那是一個晴朗的日子，我和女兒在公園裡發生的事。我們玩得正高興時，附近有一位母親與一個和我女兒年齡相仿的女孩吵了起來。媽媽急著想走，一副非常困擾的樣子，於是對女兒吼了起來。

「媽媽非得去上班不可了！我們回家吧！」

但是，小女孩還是繼續這麼說著。

「我們才剛來。我還想再玩嘛！拜託啦！」

兩人爭論了幾分鐘，媽媽硬是拖著不想離開的小女孩回去了。我當時覺得小女孩跟媽媽都好可憐。

如果可以的話，那位媽媽一定也很想繼續留在公園吧。畢竟那天的天氣好得不得了，應該沒有父母不想跟小孩在外面玩。

就在那個時候，我想到了「我必須做點什麼」。

不只是那位母親，我想幫助所有為籌措家計辛苦操勞的年輕父母們。我希望能夠消除那位母親背負的痛苦、壓力和焦慮。如果有什麼我可以做的事，我想為她做——我心裡是這麼希望的。

然後，就在那天下午，我想到把自己長年累積下來的「要得到富足生活所需的智慧」整理成文章。

剛開始寫的時候，我以為我能寫的長度大概就是五頁左右，誰知道一動筆卻停不下來，連我自己都很訝異。回過神來，我已經寫了二十六頁了。

高興得不得了的我，把寫好的文章列印出來，用釘書機釘好，很快就發給不少朋友。令我驚訝的是，朋友們都很喜歡我的文章。不久後，開始有不認識的人打電話來，對我說了這樣的話。

「我聽說了你的冊子。方便的話，可以印十份給我嗎？」

結果從那天之後，我每天都在印稿子、裝訂稿子，做到兩手都發麻了。我跟朋友抱怨了一下，朋友建議我去找印刷業者做簡易印刷，我馬上查了電話簿聯絡印刷廠——當時是還沒有電郵的古早年代。

當負責人來的時候，我一開始說：「印個五百本就好」，他卻說：「我們最少要印一千本，如果裝訂三千本，就可以算你很便宜。」我這個關西人馬上就被「很划算」這種話術給釣走，沒想太多就答應了。

「那就麻煩你了！」

過了一陣子的某一天，在散步回家的時候，我發現家的旁邊停了兩台卡車。

看著年輕的送貨小伙子正在卸下看起來沉甸甸的貨物，我還以為附近有人搬家過來了，結果竟是我什麼也沒想就下訂的小冊子。

請大家想像一下我太太回家後，看到整個房間堆滿了裝著小冊子的箱子的表情！我太太是個溫柔的人，總算是原諒了我說：「這次就不跟你計較。」但是她開出條件，要我一個月內把這些堆積如山的箱子清理乾淨。

從一通意想不到的電話開始的生涯志業

猜猜看後來我怎麼做？

我把小冊子都發出去了，認識的人全部強迫中獎（笑），連不認識的人也發。有趣的是，當我把家裡所有的小冊子都處理完之後，還是持續有人來下單想要那本小冊子。我其實不知道當初大家想要那本小冊子，是因為內容還不錯，還是因為可以免費索取。即便如此，我仍然覺得「我可能走到一條不錯的路線上了。」

當我發出的小冊子達到十萬本的時候，事情就很清楚了。我接到出版社的電話，問我：「有沒有興趣寫書？」

我起初這樣回答：「怎麼可能？我又不是作家！」出版社的人並沒有打退堂鼓。

「可是，你時間很多吧？要不要試著寫寫看呢？」

我無法反駁，當時我的女兒已經要上幼稚園了。女兒不在家的話，我的日子究竟要怎麼過才好呢？

我重新想想，覺得或許可以寫些什麼吧，於是就坐到電腦前試著寫寫看。當時，我完全沒有想到，這會是改變人生旅程的開始。後來，我寫了超過五十本書，包括翻譯的書籍在內，總共出版了一百四十本以上的書籍，累計下來總共把將近八百萬本書送到這個世界上。這對一個是在跟女兒玩的時候想到要嘗試寫文章的半退休狀態普通爸爸來說，真是一件很神奇的事。

那個時候，出於想為公園看到的一位職業母親加油的心情而開始做的事，完全沒料到竟會變成我的生涯志業。

後來，我發現幫助別人找到生涯志業，在過程中自己也獲得富足並享受自由，正是我的生涯志業。

我寫了很多關於金錢與人生的書，當然自認為對於「金錢是什麼」有個大體上的了解，但是當那位新朋友——派對上想看別人錢包的神祕女性——把錢包還給我的時候，就像幾年前在公園裡的時候一樣，又讓我陷入深思。

就在那時，我才開始思考關於「金錢與能量」的事情。

金錢就是能量

當那個新朋友把錢包還給我的時候，我是這麼想的。

「啊，太好了！我錢包裡的錢，這幾年賺到的、收到的錢，都是我很歡喜地從我感謝的人手中得到幸福的錢啊。」

於是，我大致回想了一下，我是如何賺到這些錢的。

回想起來，我一直都是提供各種服務來收取金錢，我一直都在提供服務，幫助他人獲得成功、富足、增強力量。我幫助他人獲得內心寧靜與喜悅，找回感謝人生的心情。

再者，我也思考了當人們花錢購買我的書籍閱讀，參加我的講座或工作坊時，他們是怎麼想的——我在世界各地數千人的面前做過演講。

此外，我也想到，不知道有多少人受到我的書影響而改變人生？在讀者當中，有的人換工作或獨立、結婚、生子、斬斷了有害的人際關係。也有許多人開始創業，我經常收到這些人的來信。其中，有人從零開始白手起家，最後讓公司變成上市企業。我也收到一些雖然並未變成很有錢的人，但是開始懂得以富足的心情過生活的讀者寄來的感謝信。

無論存款金額多少，這些人都過得很幸福快樂。與金錢有關的壓力消失，他們開始過著自由的嶄新人生。

我常被謬讚為「金錢專家」或「金錢治療師」，當我站在那裡盯著自己的錢包時，我才發現自己真正的工作是什麼。

這十年來，「治療自己與金錢的關係」就是我的工作。

我的腦中浮現了這樣的想法：「原來如此，**付錢給我的人們，是把感謝的心情與喜悅的情感，也就是許多幸福的能量，寄託在那些錢送給我了。**」

我的錢包裡會放著「笑容滿面的錢」，全是託他們的福。我體會到正是託了身邊的人的福氣，我才能有今天！

我體悟到「金錢就是能量」這件事，開始思考自己在付錢的時候，傳達的是什麼樣的心情與能量。

我們的錢，其實包含了各種情感在裡面

我們大多數人的身上，隨時都帶著金錢的能量，這些能量會為自己帶來影響，也會進一步帶給他人影響。我們往往認為，紙幣「只是顯示金額的東西」或「不過是一張紙」，但是錢這種東西並非僅僅如此。

實際上，金錢伴隨著各種情感而來，有時伴隨著我們並未察覺到的情感。「帳單付不出來」、「薪水很少」、「存款不夠」，許多人對這些事情充滿了無力感，覺得「我不行了！真的束手無策了。」

有時甚至還會對賺得比自己多的人，抱持著嫉妒或憤怒的心情。明明都已經這樣了，卻可能還會放棄增加收入的機會。

有些人還會說出這樣的話：「這個世界就是這樣，我真的無能為力！」

很多人會「敵視」金錢，由於對金錢抱著骯髒、混濁的感情，本來可以活得很好的人生，卻變得活不下去，或是無法做自己真正喜歡的事。

另一方面，幾乎很少人理解金錢擁有帶來「喜悅」或「感謝的心情」和「幸福」的可能性，尤其是我們都不知道我們在給予金錢的時候，加上與收取金錢時同樣的正能量且不吝付出的時候，也能把同樣的能量帶給對方與自己。

Happy Money：將許多愛與感謝的心情送到世上，洋溢著繁榮與和平

和派對上那位新朋友——想看別人錢包的神祕女性——相遇之後，我思考了關於金錢的種種和這個世界。

「世界上有許多的錢，就在這個當下，有許多錢正在散播幸福與愛；另一方面，也有許多錢正在散播悲傷與恐懼。」

為了讓這個世界充滿許多的愛、感恩的心、繁榮與和平，有沒有什麼是我們可以做的？

為了讓更多的 Happy Money 在世上流通，我們該怎麼做才好？

於是，就像幾年前我跟女兒在公園裡玩的時候一樣，有個點子浮現在我的腦海。

「好，那我來寫書吧。把我察覺到的事情，盡量分享給更多人知道。」

你接下來要閱讀的這本書，分享了我長年累月從許多人身上學到的事，還有我曾經教給許多人的重要觀念。

我其實被很多人問過下列這些問題，就讓我來幫助你找出這些問題的答案吧。

- 要如何與金錢建立良好的關係？
- 不付出重大犧牲，也能夠增加收入嗎？
- 如何能在活著的時候，獲得內心真正的平靜？
- 該怎麼做才能建立一個幸福、充實、富足又充滿生命價值的人生呢？

答案就在這本書裡。

截至目前為止，我寫的書已經改變了上百萬人的人生，我相信這本書多少也能夠改變你的人生，因為你對金錢、工作、家人和人生的想法，會自然而然產生變化。

我衷心希望透過這本書，能讓你從不同角度審視自己的人生，大幅改善你與金錢的關係。

我從讀者那裡收到最多的反饋意見，是像下列這樣的內容。

「很棒的觀點，是全新的發現！我從來不知道可以這樣看待金錢。」

如果你看完這本書也能有同樣的感想，那就太好了。

希望讀完這本書，能讓你展開你的Happy Money人生，那必定是個相當精彩的人生。

前言

Happy Money & Unhappy Money

錢有兩種，一種是Happy Money，另一種是Unhappy Money。Happy Money就像是十歲的小男孩在母親節那天想買花送給媽媽的錢。

為了讓孩子學踢足球或學彈鋼琴，父母親勤懇存下來的錢也是Happy Money。

普通的錢變成Happy Money的例子數不勝數，包括：

- 用金錢援助在經濟上困苦的家庭。
- 小額捐款給遭受颱風或地震侵害的災民。
- 義賣餅乾捐款給慈善機構，幫助無家可歸的人。
- 投資對社會有幫助的企業或社會事業。
- 從感覺滿意的客戶手中收取費用。

伴隨著愛或體貼、友誼而流通的金錢，每一分錢都是Happy Money。這種金錢會為人們帶來笑容，讓人們感覺到「自己是被愛的」、「自己是被重視的」。

Happy Money在很多點上，可以說是讓愛變成能夠看得到、感覺得到、觸摸得到的一種實體吧。

錢，可以用只有錢才能夠辦得到的形式來幫助別人。例如，因為火災失去了家、遭逢重大困難的時候，即使收到很多祈福跟鼓勵的話，也只能夠對這個家庭帶來少許的幫助。如果有錢的話，就可以為這個家庭購買食物，並且提供他們一個暫時的家，幫助他們重新站起來。像這樣的事，是「鼓勵的話語」無法做到的。

至於Unhappy Money，就是像房租或帳單、稅款等繳得不情不願的錢。關於這種錢，我想應該不大需要發揮想像力吧，任何一個人都看過、聽過各種形式的Unhappy Money，例如：

- 痛苦離婚後，付出或收取的贍養費。
- 明明不喜歡這份工作，卻無法辭職，每個月還是得乖乖等領公司的薪水。
- 信用卡的分期付款，很不情願地還清。
- 從很不爽付錢給你的人，例如心懷不滿，覺得「你根本沒資格拿這筆錢，但是既然簽約了就得支付」的顧客手上收取金錢。

- 從別人身上偷來的錢，不論對方是誰。

不滿、憤怒、悲傷、失望，伴隨著這些情感流通的金錢，每一分錢都是Unhappy Money。這種錢會給人帶來壓力，使人絕望，讓人焦慮、沮喪，有時還會演變成暴力。它們從人們身上奪走了格調、自尊心，以及溫柔體貼的心。

在懷抱著負能量的同時，收取了金錢、加以使用，這些錢也會感染，變成Unhappy Money。

Unhappy Money的特徵，就是你在收取、使用金錢的時候，都會讓你覺得討厭。如果經手時有煩躁、心情惡劣、不懷好意、冷漠的感覺，那就是Unhappy Money。

你選擇的「金流方式」是什麼？

既然錢有兩種的話，人跟錢的交往方式也會有兩種。

我們都會進入Happy Money或Unhappy Money其中一種金流方式中生活。你的人生會因為生活在哪一種金流方式中而變得截然不同。

在此，我想特別說明一件事，你所擁有的金錢是Happy Money或Unhappy Money，並不是由你的收入、資產的金額來決定的。

會進入哪一種金流方式，是你在付出或收取金錢的時候，那筆錢本身所擁有的是什麼樣的能量來決定的。

不論你的收入多少，你的錢必然會進入其中一種金流方式，至於會進入哪種金流方式，則視你的「選擇」而定。如果你想進入Happy Money的金流方式，只要你在收取、使用金錢的時候，選擇「心懷感謝」，然後在付出金錢的時候不要吝嗇，滿懷喜悅與感激付出去就可以了。

雖然說起來好像很容易，根據我與數千人接觸後的經驗來說——他們都是為了獲得金錢相關建議而參加我的工作坊，要真正付諸實行，著實困難。大多數的人一點也不會留意自己跟金流方式有什麼樣的關係。

而且坦白說，**大多數的人，不論自己有沒有發現，早已與金錢深陷不幸的關係之中**。

有Unhappy Money的地方，就有Unhappy（不快樂）的人，兩者的關係可說是「剪不斷，理還亂」。如果你的家人、同事、同學進入了Unhappy Money的金流方式，恐怕你也已經成為那些煩躁、沒有感謝之心、不帶多大喜悅的錢的收受者了。

大多數的人都沒有與金錢建立健全的關係，時常耗費很多時間在為錢擔心、為錢的事情生氣，甚至還有人會因為覺得錢實在是太難理解了，因而生氣覺得「我再也不要去想錢的事情了！」，明知道錢的問題總有一天必須面對，卻一個勁兒逃避。

我們身旁不難聽聞有人為了錢的事搞到筋疲力盡，幾乎沒有精力再去做其他事情。這樣的人，平常光是工作、操持家計、跟鄰居們較勁，就已經忙不過來了，實在沒有工夫再去做其他事情。

由於太過疲累，他們往往會把帳單晾在一邊不去管它。

就連數一下錢包裡的錢，或是檢查一下存款餘額這樣的事都不做。

陷入這種狀態的話，就像貸款的複利利息一樣，問題只會滾雪球似的不停增加。

但是，大多數的人都沒有察覺到，自己因為錢的事情消耗掉多少精力，錢又如何左右了我們的基本決斷。

說到這裡，不妨稍微思考一下這些問題吧。

「你的朋友及家人的經濟狀況，有很大的不同嗎？」

「你會和有共同興趣的朋友一起行動嗎？」

「你的朋友大多數都是公司的正式職員嗎？」

「你的朋友是不是大家的房子或車子都很類似？」

大部分的人會認為人與人的邂逅與交往都是出於偶然，但是我們的人生大部分早就被社會、經濟的立場決定了；也就是說，我們的人生在某種程度上是被金錢所控制的。

我們是什麼樣的人、上哪裡的學校、在哪裡成長、跟什麼樣的人成為朋友、在工作上跟什麼樣的人接觸、如何賺錢、如何決定錢怎麼花……，應該可以說這些事情決定了我們大部分的人生。

並不是只有貧困階級跟中產階級的人才會受到金流方式的影響，才會收到或付出充滿負面能量的錢，上流階層或富裕階級的人，也會受到金錢的負面流動影響。

在我的客戶裡，很多人明明有錢到比希臘神話中的邁達斯王（傳說中擁有點石成金的能力）還要有錢，卻害怕失去財產怕得要死。他們不懂得享用金錢，因為他們不斷地跟有錢鄰居比賽較勁，而那些精神壓力使他們永遠都筋疲力盡。

當然，如果你的目標只是要成為有錢人，以此為目標也很好，但是很多人已經發現，並不是賺了很多錢，人生的問題就全都解決了。

很多人其實認為「要建構理想的人生，並不需要賺大錢。」**那些治癒了往日與金錢有關的心靈傷痕，改善了對金錢的態度以及與金錢交往方式的人，無論實際的財產狀況如何，都會覺得「自己是最富足的人」。**

你必須治癒與金錢有關的成見和痛苦

一直以來，讓我傾注熱情的是治療人們「與金錢相關的心靈傷痕」。

你抱著什麼樣的心傷，為什麼會有這樣的傷痛，這些傷痛又帶給你每天的生活什麼樣的影響？當一個人察覺到這些事情之後，就能對人生應該以什麼為優先做出健全的判斷。如果你能夠治癒自己與金錢相關的傷痕，你的經濟狀況應該就能夠確實獲得改善。

當你開始認為錢是「要用在好的事情上」、「是可以豐富人生的東西」、「是可以自由給予、收受的」時，你內在的變化將會逐漸反映在你的外在人生上。相反的，當你對金錢都是負面的思考或成見，例如：「錢是邪惡的」、「錢會引發激烈戰爭」、「人生之所以不順遂，都是因為錢」，一直抱持著這樣的想法，這種內心的自言自語，有一天也會確實反映在你的外在人生上。

你對金錢的想法，會反映在你的金錢，甚至是你的人生上。像這樣的例子，我已經看得太多。

我在童年時代的Unhappy Money體驗

在我小的時候，並沒有想要成為一個在金錢上對人有幫助的作家這麼宏偉的想法，但是我尋找Happy Money的旅程是從很小的時候就開始了。金錢給了還是小孩的我很大的影響，當時學到的教訓，至今仍在各種意義上在我的腦海中揮之不去。

我父親是一位稅務士，他經營的會計師事務所很成功，客戶會到家裡來找他諮商，當時接待客人端茶倒水就是我的工作。那些客戶都是很有經驗的實業家，我找到機會就會拿不像八、九歲的孩子會問的問題來考他們，以此為樂。當我問他們當月份的營業利益，或是股本報酬率、勞動生產力等問題時，大部分的人都不知道該如何反應，露出一副驚恐的樣子。對我來說，問大人這種問題是「很有趣的遊戲」。

從某個時期開始，我發現在客戶當中，有些人一開始會穿著垮垮的衣服，不久後卻穿著筆挺的西裝與昂貴的鞋子來。這樣的人大多連車子都升級了，另一方面也有人愈來愈落魄。

觀察了不久，就連讀小學的小孩，都能夠很明顯看出客戶可以分為兩大類：一種是坐立不安，看起來好像很忙碌的人；另一種是閒適沉穩，看起來幸福、有餘裕的人。看起來像是有錢人的人，有這兩種類型。

某天下午，發生了一件讓我打從心底感到顫慄的事。自從那天以後，這件事一直留在我的記憶裡。我從學校放學回到家後，從不輕易流露感情的父親，正在大聲哭泣。教我空手道跟劍道的父親，一直都教我「要挺直腰桿面對欺凌」、「要保護受傷的人」，卻正在大哭。我想像不出究竟發生了什麼事，但是在我面前的父親方寸大亂，完全變了一個樣。

母親把我叫去，告訴我是因為父親感覺自己對發生的悲劇有責任。父親的客戶殺死了所有家人，然後自殺了。那時，我才生平第一次知道什麼叫做「全家自殺」。

幾天前，那位客戶拚命拜託父親借錢給他，但父親拒絕了，所以他認為是因為自己才發生這場悲劇，他有責任。

後來我才知道，父親一開始雖然拒絕了，但原本打算過幾天才把錢借給他。他是想要幫助客戶一家人從窘迫的財務狀況重新站起來，最初之所以會拒絕借錢，是因為想要防止自己借出去的錢，被拿去給那些把他當成獵物的地下錢莊的人的手上。

父親抱著痛苦沉重的心情，一手安排後事，擔任治喪委員長，送走了朋友一家。後來，這種自責的想法，一直縈繞在他的腦海。他過著沮喪、灰暗的日子，耽溺在酒精裡，後來也沒有完全從這樣的狀態中恢復。

一向陽光、愛說笑的父親的笑容不見了，我們一家人的臉上也失去了笑容。那對我們一家人來說，也是悲劇的開始。

以前的我，對金錢只有正面的情感。小孩子本來就不會對錢有害怕的想法，我當時第一次發現，金錢帶來的並非只有成功與幸福，只要一個錯誤，也可以殺死一個家庭的所有人。這件事使得金錢會帶來悲慘結果的印象，深植在我的心裡。

當時還是孩子的我，做了這樣一個決定：「長大之後，我一定不要讓家人遭遇到同樣的事，絕對不要為錢所困。」

因為還是小孩，還不算擁有什麼清楚的自覺，但是這件事改變了我對金錢的整體看法。我開始明白，就算家人在金錢上沒什麼太大的困難，只要家人身邊的人為金錢所苦，那也沒有意義，因為我們常被身邊的人影響。

錢是什麼？我想了解金錢的意義！

上了中學之後，我開始閱讀跟金錢有關的書籍。幾年後，日本進入「泡沫經濟」，我親眼看到人們是如何與金錢往來的——有錢時會怎麼做，突然完全沒錢時又會怎麼做。

後來我考上了東京的大學，開始尋找可以教我商業知識和金錢相關觀念的老師。我找到各種有錢人，有機會去拜會他們。

在這些遇合之中，我發現有錢人也分成兩種類型：幸福的人跟不幸福的人。幸福的有錢人看起來都跟家人建立了美好的關係，而且都在自己最喜歡的領域工作，都從員工跟顧客那裡得到了莫大的尊敬，也會以最大限度去援助那些有困難的人。

另一方面，不幸福的有錢人無論賺再多錢，看起來永遠都在為了如何增加更多資產思考並行動，腦裡滿是如何搞出新的生意，如何把別人吃掉而不觸法。而且，他們也是典型的「雙面人」，大多對員工粗暴，對服務生或司機也很沒有禮貌，但是對那些可以給自己帶來金錢或幫助自己成功的人，就表現得非常殷勤、禮貌周到。

我每次親眼看到這種事，一面覺得很想吐，一面想著如果自己能夠變成有錢人，一點也不想變成那種人，那種人我看得太多了。

我認真思考——

幸福的有錢人跟不幸福的有錢人，為什麼有這麼大的差異？

他們的行動應該有什麼理由才是。

為什麼在有錢人當中，有幸福且心胸寬大的人，也有壞心腸的雙面人呢？

當時，我怎麼也想不到，這個想法會讓我開始用一生去尋找Happy Money。

在這趟旅程中，我遇見許多有錢的人、跟金錢處得很好的人、沒錢的人，還有對錢沒興趣的人。有的人很幸福，也有人很不幸。有的人內心很滿足，也有人心裡破了一個洞。有的人充滿了愛，也有人始終徬徨不定。

因為遇見形形色色的人，我學到「何謂金錢」、「何謂人生」。接下來，請你務必好好品嚐這些精華，我相信一定會讓你從今以後的人生，變得更令你歡喜期待。

第1章

對你來說，
金錢是什麼？

happy money

解開金錢之謎

在說明與金錢有關的事情之前，我有一個問題要問你。

「對你來說，錢是什麼？」

我想這個問題可能要看發問的人是誰，答案也會有所不同吧。如果是九歲的小女孩問我：「什麼是錢？」，我或許會回答：「錢分為紙鈔跟硬幣兩種。有錢的話，就可以買很多東西。」

但是，如果是對大人說明錢是什麼，答案又會如何？或許，也可以說「錢就是用來交易物品或服務的工具」吧？

兩個答案都沒錯，但是你我都明白，錢不只是為了「當作交易的手段」或「可以買到很多東西」而使用的工具。我們每天都在賺錢、花錢，卻答不出這麼簡單的問題！

好幾年來，我已經問過各種不同年齡、國籍的人這個問題。

「對你來說，錢是什麼？」

我得到的答案很多樣化，總是讓我非常驚訝。問了世界上不同國家的人，一個同樣的答案都沒有。也就是說，**金錢對不同的人，是各種不同意義的存在。**有的人很高興告訴我：「錢就像上帝一樣了不起的東西」，也有人很痛苦地告訴我：「錢就像惡魔一樣邪惡。」

有的人告訴我：「錢可以用來表達關愛，可以帶給人幸福」，也有人帶著一臉聰明狡詐的表情告訴我：「錢是可以隨心所欲操縱別人的魔術道具。」

從這些五花八門的答案當中，你應該可以明白「錢是什麼，不同的人有完全不同的理解方式」吧。

玩「大富翁」遊戲，觀察你對金錢的情緒

肉眼看得見的具體金錢，不過是紙張或金屬而已。但是，擁有印刷成同一張臉孔的紙幣，或是刻印著同樣花紋的硬幣，它們的意義就跟擁有的人數一樣多樣化。

看著大額紙鈔，有的人會瞬間發怒，也有人開心興奮。

真正有趣的是，把小孩玩的玩具假鈔放在面前，卻沒人會表現出相同的情

緒——唯一的例外恐怕是對「大富翁」這個遊戲裡的錢。這是為什麼呢？當我們認真在玩「大富翁」時所顯露的各種情感，幾乎都和對真正的金錢所抱持的情感是一樣的。如果是認真投入遊戲當中，一般都會「想贏」，所以會用和現實生活中一樣的堅持去玩遊戲。

賺到很多錢，獲得無可挑剔的財產，但是不繳所得稅，卻期望能夠躲掉坐牢的刑罰。在現實生活中，是否會有人不想要這樣的「勝利」——或可謂「成功」呢？在「大富翁」遊戲或現實生活中，當「機會」來臨時，我想沒有人會不開心獲得意外收入或分紅吧。

我們在現實生活中對財產或金錢會有各種情感，也對「大富翁」遊戲裡的錢有相對應的情感。

獲得財產時，你想過如何運用呢？用來支付稅款？繳納房租？你的錢包看得牢嗎？還是你會冒著風險，讓大把鈔票露白？下次有機會的話，請你一面玩遊戲，一面觀察自己跟別人的樣子，看看大家在擲骰子的時候，會燃起什麼樣的情緒吧！想知道在現實生活中，我們對這些紙鈔或硬幣耗費了多少能量，不妨趁機觀察一下在遊戲中對紙鈔和硬幣耗費的能量，應該可以發現你跟金錢是如何往來的。

拚命工作，錢財就會來？

在我的經驗裡，能夠分清楚這不過是場遊戲的人，總是技高一籌。他們的銀行存款數字或許不是最高的，但他們不計較最終「勝利」或一心要得到「最高金額」，而是享受遊戲中的爾虞我詐。他們的重點不是放在實際的「勝利」，而是放在自己彷彿已經勝利的「感覺」裡。

我們為什麼會想玩「大富翁」？

如果我說金錢是一種「遊戲」，你認同嗎？

你可以用多認真的心情來玩？

你覺得自己會贏嗎？

值得重複一次，無論經濟上多麼成功、順利，都不是「勝利」。如果真有什麼可以稱為「勝利」的話，那就是「在這場遊戲裡，你玩得有多開心？」

跟有共同遊戲規則，可以預測下一步的「大富翁」遊戲不同的是，在現實生活中使用金錢時，你完全無法精準預測下一步會是什麼。你不可能一口氣前進十格或十二格，也不可能永遠都順時針前進。事實上，大多數的人應該正被現實生活中的金錢遊戲所帶來的喪失感侵襲著。

哪項資產可以帶來最大利益，你可能不清楚。房子發霉了、被白蟻入侵了，樹都倒了也說不定。家人生病，花了大筆費用治療，在與病魔奮戰的那幾年間，或許家中的經濟就會變得十分艱苦。

也可能你任職的公司營運狀況不佳，發生裁員這種事。明明奉獻了整個人生在工作上，但是因為這份工作已經落伍了，被新興勢力取代了也說不定。

我們在現實生活中玩的金錢遊戲，其實蘊含著相當大的風險，經常會因為經濟變化、家人的問題、自然災害等的緣故，迫使我們走投無路。

令人玩味的是，在現實的人生大富翁遊戲裡，大多數的人還沒有擲出熟悉的骰子之前，就感覺自己輸了。然後，有人可能會對我們這麼說：「只要再努力一下，再稍微動點腦筋工作，情況就會改變，會有好事發生的。」

所以，你就穩住心情，告訴自己：「繼續努力吧！」

其實，你心裡應該也有數吧？

會選擇閱讀這本書的人，應該很多都明白了遊戲規則才對。你應該聽過「只要努力工作，就會有錢」這句話吧？

但是，現實世界並非總是這樣運作的，你應該已經實際體會過了才對，那些看起來比你有錢或富裕的人，不見得工作得比你更努力。很多有錢人明明那麼奢侈浪費，世界上卻有人就算拚死工作，也絕對無法脫貧。

沒錯，**答案不只是拚命努力工作**。許多人聰明又勤奮，卻不滿足於報酬，或是說感覺不到在金錢遊戲中獲得勝利的快感。另一方面，也有許多人感覺十分滿足，沒有任何不安；有趣的是，他們多數都不如富裕的人那麼有錢。

金錢遊戲不是普通人可以玩的理由

金錢遊戲非常有趣，我的導師竹田和平先生曾經說過：「**現實人生的金錢遊戲是沒有終點的。**」用棒球來比喻，這句話的意思就是，你們那一隊就算在九局下半贏了，也不能保證勝利一定到手。只要強棒爽快一揮，壘上的跑者可能都會跑回本壘，像這種戲劇性的大逆轉，實際上還經常發生。

金錢遊戲也是一樣。即使你在三、四十歲的時候擁有很多錢，也不代表之後就不會發生什麼無可挽回的事，只要發生就會立刻變窮，想在六十幾歲退休什麼的，就只是一場美夢罷了。明明在五十來歲已經賺到能夠優游自在度過餘生的錢了，到了六十幾歲卻不得不申請破產，這種故事我們都聽過吧。有錢人或有名的運動選手失去所有，最後積欠大筆債務死去的故事，經常在新聞裡看到。明明賺了好幾十億，為什麼最後錢會沒了，一般人或許很難理解。

雖然有人說，之所以會失去金錢，是因為「花掉的比收入還多」，但其實並非如此。只是這樣的話，應該不至於花掉幾十億才對。

他們之所以會失去金錢，是因為金錢規則一直在改變。

回想一下二〇〇八年的不動產泡沫破滅，在那之前的數年間，街頭巷尾都是這樣說的：「投資不動產吧！錢都在那裡啊。」

實際上，住宅價格也急速攀升，很容易借得到錢。但是，某天「規則」突然改變了！住宅行情一夕下跌，你的房子——你深信不疑認為買到的價格可以像以前一樣翻倍賣出去的房子，價格掉到只剩一半。

此時，很多人注意到的下一項標的就是黃金。

「金價一片看好呀。」

當其他市場混亂的時候，金融專家異口同聲這麼說。但是，在經濟前景一片看好時，不會生息的黃金，就變成不過是黃色的沉重石頭，黯然失色。

現在是一個饒富趣味的時代，全球化經濟的所有領域，結合得比過去更加緊密。我們所知的傳統體系正不斷瓦解，每天都有新的系統登場，我們再怎麼思考、再怎麼學習，金錢規則還是一直在改變。

例如，才不久前，大家嘴上都在談論著虛擬貨幣，說這種東西「很有未來性」、「是最值得信賴的系統」等。然而，原本應該很安全的帳戶，卻流出數百億元，這種被駭客入侵的亂七八糟事件，從來沒有停過。

在一般的傳統銀行裡，絕對不可能發生這種事，所以很多人仍然無法信任這種宣稱「最值得信賴的系統」的虛擬貨幣金融系統。

世界上有許多經濟權威人士，時常誇下豪語說自己最清楚接下來應該投資什麼、知道要如何快速錢滾錢。大多數的權威人士各吹各的調，本來就是常有的事，但我們到底應該相信誰才好？

當財務發生緊急狀況時，該如何控制才好？

恐怕我們最能夠控制的就是「對金錢的情感」吧？這份情感與其說是對世上一般不動產、股票、黃金、虛擬貨幣之類的東西，還不如說是我們對「富裕」的情感關係更深入一點。

錢的形式不斷改變

確實曾有過金錢的「形式」更單純一點的時代，不過就在一百五十年前，在市場買東西都只能付現。當時一般只流通紙鈔和硬幣，現在則有支票、銀行帳戶、信用卡、Apple Pay、PayPal、虛擬貨幣等各種形式。我們現在在商店支付的錢，或是在華爾街飛來飛去的電子貨幣，跟幾世紀以前的錢，看起來已經相當不同。

並不久遠的往昔，還是人們偷偷把錢藏在床墊下或沙發縫隙的年代——當然現在或許還會有人把錢藏在櫥櫃裡。這些人非得確認自己的錢就在眼睛可見、觸手可及的地方才可以。

然而，你所想的「金錢」，其實只是一種象徵，而且近年來看到、摸到實體貨幣的機會變少了，想要確認一下自己的錢，只要打開手機看看銀行的交易明細就可以了。大多數的人都會把錢匯進銀行戶頭裡，付錢的時候選擇用信用卡，幾天、幾週或幾個月完全不碰現金過活也不稀奇。在亞洲，特別是中國，身上帶著皮夾的人逐漸變少了，因為所有交易用手機就可以輕鬆完成。

在此同時，數十億美元、歐元、日圓等，每天都在全球交易流通。一時之間，很難想像我們每天使用的錢，和在全球飛來飛去的電子貨幣是一樣的東西吧？今天，一個避險基金經理人，在幾分鐘內就可以賺到相當於某人年收入的利潤，這種事情聽在一般人的耳裡會覺得不可思議。

你的錢在哪裡？

想到錢的時候，那個概念其實很曖昧，你或許以為你的錢放在銀行，其實銀行裡不一定有等量現金。你把錢存入銀行，銀行會把錢借給某個有需要的人，或是用在營運上，因此在「實體上」，你的錢不見得會在銀行裡，確實有的只是你用手機查看戶頭時出現的數字而已。

關於這個問題，我們來做個小實驗吧。雖說是「實驗」，其實不過是在腦海裡想像一下而已。你可能認為自己有錢，如果那是錯覺呢？

這個假想實驗實際發生的話，可能會很可怕——某天當你查看明細時，發現餘額居然變成零了，你會怎麼樣？

當然，錢不是你用掉的，是自己憑空消失的。你打電話到銀行詢問：「我的錢呢？」，行方可能回答「您的帳戶裡沒有任何餘額」這種非常官方的答覆。

就算你覺得「怎麼可能！」，但你要如何證明呢？

你有存款紀錄嗎？當然。有沒有交易明細呢？當然。但如果銀行說這些都不算證據，拒絕承認呢？

接著，我們來想像一下快樂一點的事好了。

想像一下你的貸款——不管是學生貸款，或是信用卡的借款、房屋貸款等，我想借了這些錢的人，一定不免覺得負擔沉重。如果你也是其中一員，就像你想像那些本來應該在帳戶裡的錢只是一種錯覺，現在想像一下你所背負的貸款或借款也只是一種錯覺，如果貸款或借款全部一筆勾消，你會怎麼樣呢？

我們對於這些錢一筆勾消的感覺，完全不像存款消失那樣驚慌失措，只是想樣而已也能有這樣的差異，真是不可思議。

如果你在銀行的借貸紀錄完全消失，你會怎麼樣？

所有債務都沒了？你可能會相當雀躍。

大部分的人都十分信賴自己使用的交易系統，我們相信只要銀行帳戶還有餘額，銀行就會立刻把錢還給我們，而我們背負的貸款也一定都要還清才可以，我們對此深信不疑。

把錢放在銀行，我們感覺很放心；對於必須償還的貸款，我們感覺到精神壓力。

當我們知道自己的錢在哪裡的時候，接下來就必須問問自己了。

你的錢其實在哪裡？

你的錢去了哪裡？

我們永遠都不會滿足

我們讀書、認真工作，支應生活費用與各式稅金，但一般人每個月底付完帳單之後，手邊幾乎都只剩下一點錢而已。扣完學生貸款，還有汽車貸款、信用卡帳款、房屋貸款或房租，這些林林總總的永遠都繳不完，感覺是很沉重的負擔，幾乎沒有餘力去買自己想要的東西，或是來一趟長期旅行。

簡直就像雪上加霜，你絕對很想要的東西的廣告，還會充斥在你所到之處，催促你快點買下去。明明才剛買了車，最新款式出來之後還是會後悔。手機也是，永遠都想買最新款的。朋友們都去海外旅行，或是帶家人去迪士尼樂園之類的夢幻景點，而且還不是久久去一次，是每年都去。

每次在通勤時間看到臉書出現那些看起來幸福美滿的家庭或甜蜜的夫妻情侶照片，就有一種只有自己被遺棄的感覺。

現在甚至有個詞彙叫「FOMO」（fear of missing out，錯失恐懼症），表示「因為錯失良機或錯過快樂的事情而感到不安」的意思。近年來，每個人都會有

ＦＯＭＯ的感覺，那些讓我們看起來更帥、更美，又或者看起來更有錢的，不論是保養乳液、禮服或西裝等，總之如果不買，感覺就是錯過了得來不易的機會。

這樣一來，想買的物品清單就沒完沒了——想把家裡重新整修，添購新的器具或鞋子，體驗新鮮事物，一年到頭都是新的體驗。一天到晚不斷被各式各樣的廣告或電視節目告知新商品，就連朋友們都在講。

他們可能跟你說：「你的東西有點舊了喔。」但是，其實就算流行的東西一樣都沒有，人也不會死。

儘管如此，就算跟孩子們這麼說，他們可能也不會同意吧，可能還會反駁：「我朋友〇〇也買了，沒有的話很落伍。」

或是說：「除了我，大家都有〇〇（可能是最新的流行服飾或包包）。如果沒有的話，會被排擠的啦！拜託嘛，爸、媽，我也可以買吧？我的事難道不重要嗎？」

孩子們這麼說，想盡辦法吵著要買。

會想要最新東西的人，可不是只有小孩。新東西一個接著一個不停買，再到處炫耀的人實在不少。跟那樣的人見面後回到家，我忍不住會想：「嗯，這支手機（或電視、手錶、衣服、鞋子）我雖然很喜歡，但是看起來有點寒酸又過時了。我也得買個新的！」

如果自己沒有餘力購買朋友所擁有的那些東西，很容易就會覺得自己略遜一籌，感覺不安。

有時，看到人生過得相當舒爽（其實很可能是我們擅自以為），好像沒有比他們更得天獨厚的人時，甚至會忍不住生氣，暗自抱怨：「就算沒有做得比他們多，至少也是差不多吧，都很拚命努力工作啊！買點好東西也是應該的吧！」接下來再喃喃自語：「明明我都這麼努力了，為什麼永遠滿足不了？……」

是的。絕對不會有滿足的時候，因為永遠都會有人擁有比自己更好的東西。

不公平心理從何而來？

我女兒還小的時候，為了女兒的教育，我曾經帶著家人到波士頓住了一年。當時，還不大懂英文的女兒有一天回家之後，問我小朋友們整天掛在嘴裡說的是什麼？

「爸爸，大家都在說一樣的話，他們在說什麼？」

我問女兒他們說了什麼，女兒便把其他小朋友整天說的話告訴我。

「不公平！」

我看著她說出那句話的時候，那副不滿的表情，不由得笑了出來。

沒錯，尤其是關於人生和金錢，日常生活中好像都會聽到「不公平！」這句話。小朋友應該是在家裡聽到爸媽這麼說的吧。

「那傢伙竟然比我有錢，真不公平！我明明這麼拚命工作，我的努力卻只能得到這麼少的錢，這不是很不公平嗎？」

於是，孩子從擁有自己也想要的最新遊戲的朋友家回來後就這麼說了。

「○○○有那個遊戲，我卻沒有，真不公平！」

或是「那個同學下課都去玩盪鞦韆，我卻不能玩，真不公平！」

小朋友非得去跟老師告狀不可，於是老師這麼回答：「沒關係，大家都會有時間可以玩盪鞦韆的。我們排隊等吧！」或是「還有很多東西可以玩呀！來，我們去找找看吧。」

老師說的一點也沒錯，時間很充足，也還有很多東西可以玩，但是那些東西小朋友卻看不見。

他們只看到自己「沒有的東西」或自己「沒有玩到的東西」而已，就像他們的父母只看到自己沒有的東西，或是自己沒有做到的事情一樣。

這就是所謂「匱乏的神話」。

匱乏的神話

在世界各地，人們都會感覺自己「沒有被公平對待」，大多數的人都相信這是因為「零和遊戲」（正負加總為零）的緣故——要是有人得到了什麼，那我們就得不到那個，會有損失。人們相信，如果有人擁有很多錢，那麼他們必然是奪走了我們的錢。

若有這樣的想法，就會對金錢抱持很多負面的情感。世上的資源有限，如果自己想要的時候得不到，就會被其他人拿走，對此深信不疑，就是一種「匱乏意識」。

希望隨時都能得到自己想要的東西，卻不考慮自身行為對他人或社會的福祉會造成什麼影響，這種想法絕對不會永遠都通行無阻。那些更大、更好、讓人更想要的東西，會一個一個不斷地出現，我們不可能全都得到。把存下來的錢全部丟進去，又會出現更想要的，就像是被惡魔的輪迴困住，永遠無法掙脫。

有一本書就寫出了這種匱乏的思考方式，以及這種思考方式帶來的悲慘結果。那是全球行動主義者，也是雨林救援組織帕查瑪瑪聯盟（Pachamama Alliance）的創立者，我的朋友琳恩・崔斯特（Lynne Twist）所著的《金錢的靈魂：找回你的內在財富，擁抱財務自由的人生》（*The Soul of Money*）。琳恩以她的知性和過去的功績，在全世界得到很高的評價。她致力於消滅世界上的飢餓、幫助女性維護權利，希望所有人都能活得真誠、寬大且富足。

她在書中這麼寫道：「這種心理上的匱乏，這種匱乏的想法，就位於我們的嫉妒、欲望、偏見與自我主張的中心。」

所有的自我主張，所有的偏見，所有些微的偏差，都是由「別人擁有自己沒有的東西」這種想法帶來的。就是這一點，形成了匱乏的中心。因此，**要戰勝嫉妒、不安、欲望或偏見，就必須消除匱乏的想法，也就是消除「不公平！」這種**

想法。

我女兒一整天都聽到「不公平」這句話，是因為無論何時何地，小朋友都在追逐自己沒有的東西或沒有玩到的玩具。假設想要玩洋娃娃的小朋友，終於拿到了洋娃娃，但是那個孩子在玩著到手的洋娃娃時，一定還有其他孩子不只擁有洋娃娃，連洋娃娃專用的娃娃車都有，這種比較永無止境。

原生家庭造成的金錢創傷

因為錢，不知道有多少夢想或婚姻都被毀掉。

多麼令人煩惱，而且是超出必要的煩惱。

在我的研習會上，我會抽出一點時間讓參與者談談小時候曾經經歷過跟錢有關的精神壓力。

一定會出現的就是「很想學芭蕾舞，可是因為沒有錢，所以媽媽說不行」這種答案。除了芭蕾舞，還有棒球、足球、體操、溜冰、舞蹈等，小時候想學的才藝有很多種，不論哪種形式，這種故事應該每個人都聽過吧。

跟這種故事差不多，同樣令人難以理解的故事是，有不少小時候父母直接說「我們家很窮」的人。但是，這樣的人應該要覺得自己運氣很好，或許你現在確實怨恨金錢，但至少不會因為父母的金錢糾紛，永遠在那裡責備自己。

有些可憐的孩子會因為覺得父母貧窮是自己害的，而承受許多不必要的痛苦。這些孩子的父母可能忍不住會說：「養孩子真是花錢啊！」，有的甚至會說：「如果不是把錢都花到你們身上，我們家應該會更有錢一點。」還有父母會出現被動的攻擊行為，進一步傷害孩子。像這樣的父母，是出於對經濟狀況的內疚或憤怒，對孩子口不擇言。

「你不能去學曲棍球，是因為你做什麼都是半途而廢。」

更糟的是，有些父母會說：「因為你沒有才華，學了也只是浪費錢。」

被父母這麼說的孩子，會怎麼想呢？

「原來，我是討債鬼……」

會這樣傷孩子的心，這樣曲解事實，與其說是父母「故意為之」，不如說多數是因為父母的精神問題使他們無意間這樣做，但結果卻是一樣。

這樣的父母養育出來的孩子，會把金錢跟辛苦、痛苦連結在一起。於是，這樣的想法銘刻於心，便相信「痛苦的原因在我身上」，這完全就是心靈創傷。

找出你的金錢心靈創傷

你是否認為，無論你想做什麼，錢都可以幫你辦到？

還是說，錢一直都在阻擋你的去路？因為錢的緣故，夢想中的計畫無法展開，只能繼續不情願做著不想做的工作？

你喜歡錢嗎？

錢喜歡你嗎？

你有沒有什麼跟錢有關、令你悲傷的故事？

關於金錢，你是否回過神來，才發現你說了跟你父母同樣的話？

例如，你可能不知不覺中說過：「這樣一點都不夠，再多一點就好了。我明明都這麼拚命工作了，手頭卻沒有變得更輕鬆一點。」

就像前文說過的，金錢有各種形式，只是一種象徵，但我們卻將各種情感投射到金錢上。

我其實有一點同情金錢，因為它很容易就會遭到怨恨或嫉妒，人類把所做的壞事都怪罪到金錢身上。

但是，問題不在錢的身上，而是在我們自己的身上。

有人說「錢是安全的東西」，也有人說「錢是不知道哪一天會將你的心撕成碎片的怪物」，現在仍有人說它是「自由的象徵」，或者錢為你的上司或家人「具體呈現了他們想要支配你的心情」。

藉由確認自己投射了哪種情感在金錢上，你就能夠察覺到你心裡的舊傷痕。如果你能夠做得到的話，應該就能夠真的把錢當成錢來看了吧。

把錢當成錢來看，為什麼會這麼困難？因為在達到這個境界之前，你必須理解很多事，進行不少省思。

但是，這道金錢課題相當值得深究，深入挖掘你對金錢的看法，釐清你對金錢抱持的是什麼樣的觀念，你最終會決定金錢對你來說到底是什麼。

金錢的三大功能

錢是什麼？之所以會愈來愈不懂金錢的意義，是因為情感上變得緊密相關的緣故。只要扯上錢，或許很容易會讓人覺得焦躁不安，或是任憑擺布的感覺，甚至經常會有「人生很不公平」的想法，覺得「自己沒有價值」，受到打擊而深感無力，認為別人擁有的比自己多很多。

這種種的情緒，都是因為金錢擁有的各種不同角色所引起的。簡單來說，金錢的主要功能有三種。

①交易的功能

金錢的這個角色，大多數人應該都知道吧。

我們用錢交換東西，也許是食物，或是火車票或一小時的按摩等。

交易的功能賦予金錢力量，一旦拿到錢，就覺得可以用來交換任何東西。為了生存，我們需要食物、衣服、住所，所以要有得到這些東西的手段，金錢就是其中一種。如果沒有足夠的錢換取必需品，就會憂慮不安，感覺彷彿自己或家人的生命遭遇危險。跟錢有關的所有事物，無論是賺錢或花錢，很容易都會成為精神壓力。

②儲備的功能

人們會想要一直謹慎持有金錢的理由之一，就是想要永遠慎重地守護金錢的價值，甚至擁有自己定義的價值。石器時代的人獵到了巨大的長毛象，獵到的象肉吃不完，如果沒有想出方法保存剩餘的肉，這些肉就會腐爛，花了好幾個月追捕獵物的辛苦與努力就會白費了。為了把辛苦努力過的美妙成果保存下來，他們必須把肉儲存下來，或是拿去交換，同樣的道理適用於很多事物。

我們都不希望自己的工作白費，都希望能夠確實地把價值保存下來。賣力工作一週後，就會期待符合這些努力的錢，能夠進到銀行戶頭裡去。多年辛勤認真工作後，就會期待存款增加，也就是說我們都想得到與生涯發展相應的東西，希望從中找到某種意義。在好幾週、好幾年拚命工作後，如果沒有得到相應的東西，可能就會失望、沮喪，覺得一切好像沒什麼意義。我們把人生的價值跟財產的價值畫上等號了。

③增長的功能

這就是資本主義的核心，存錢生息，投資得當資產就會成長，所以比較有錢的人就能夠得到更多錢，有錢人會更有錢。這個概念讓一般大眾感到驚惶失措、甚至沮喪，如果沒有錢的話，再怎麼拚命努力工作，也不可能多成功吧。還可能感到很空虛？每到月底，把各種帳款支付完畢後，沒剩下多少錢可以拿去投資，更不知道該怎麼做，才能有一筆足夠的錢讓資產開始滾動成長。

由於錢的這項功能，使我們在金錢遊戲開始之前就已經失去信心，覺得形勢對自己不利。但就算你真的這麼想，「想要多賺點錢」或「想要錢」的想法卻不會停止。

既然錢的事這麼麻煩，為什麼我們會這麼想要錢？

人們想要錢的六個理由

幾乎人人都想要更多的錢，你隨便抓個人問：「你最想要的東西是什麼？」，很多人都會回答：「錢吧！」，至於實際用途事後再來想就好。

我們為何會那麼想要錢？讓我們一直認為自己很需要錢的原因，從根本上挑動我們的究竟是什麼？

「為什麼我會想要錢？」

如果可以客觀思考這樣的心理活動，就會把錢當作必需品，比以往更加認真看待，減少跟錢有關的精神壓力，這才是可以有效脫離金錢支配的方法。

為什麼人會想要錢，長年下來我看過很多理由，我發現其中有幾種非常清楚的模式，我想以「人們想要錢的六個理由」來談談這些模式。

想要錢的時候，思緒會一直打轉，若無視內心真正的感覺，就可能陷在不理解自己真正需要什麼的情況下企圖得到金錢的惡性循環中。

理由① 為了維持基本生活

每個人都需要住處、衣服、食物，還有料理食物的方法。以前人們以豐饒的農地或森林為生活根據地，現在則是透過金錢供應各種必需品給我們。當被問及為什麼要工作時，大部分的人都會回答「要吃飯啊！」但是，生存下去的最低限度必需條件是什麼，我們其實不見得清楚。

我看過許多人雖然得到充裕的薪水，卻總是覺得好不容易才能有飯吃、有個遮風避雨的地方。我看這樣的人的花錢方式，像是買下很勉強才能買得起的房子、付出高額車貸購買新車，只要手上一有錢，幾乎都花到吃喝玩樂上頭，家裡多半充滿了不需要的東西。

問題出在很多人都認為「有錢＝生存」，所以感覺好像需要什麼的時候，總是很衝動地依賴金錢，用錢買下一些其實自己並不真正需要的東西。

理由② 為了得到力量

金錢常被認為擁有隨意操縱人心的力量，會認為有錢就有力量是很正常的。

就算金錢擁有力量，也不是什麼都可以隨心所欲辦得到，不一定保證幸福。把金錢跟力量混為一談，絕對無法滿足各種欲望，你永遠都會被覺得力量不夠，甚至錢不夠的想法束縛。另一方面，就像有些人永遠都很有錢，有些人永遠都擁有強大的力量。當這種容易令人頹廢、一旦入手就很難放開的力量，會帶給你各種負面情感，在日常生活中反而變得感覺不到真正的幸福了。

偶爾我會遇到野心勃勃的年輕人，說有一天要建立企業帝國，登上世界首富排行。但是他們未必真正知道，即便驚人的財富能為他們帶來某種程度的力量，但是錢財無法取代優秀的人格、信用和真正的愛。

光靠金錢掌握人心並不可靠。在商場上或公司裡就算擁有權力，但在十分親密的人之間，或是一旦面對自己的內心時卻施展不開，像這樣的人我看得很多。

理由③ 為了給別人好看

有錢人也好，窮人也好，每個人都可能被別人欺負。窮人的話，可能會認為是被人奪走特別的樂趣；有錢人的話，可能是被同樣有錢的人取笑、排擠。覺得自己被社會藐視的人，經常認為錢是可以報復那些疏遠自己、折磨自己的人的手段。

但是，**傷害你的人，其實在你的腦子裡，為難你的人正是你自己。**你可能會為了跟別人比而買東西，但是你並不知道，實際上根本就沒人在跟你比。即使沒有餘裕買一些非常高價的東西的人，有時也會拚了命利用有形的東西來炫耀自己比別人厲害，這些都是極為朋友之間的事。

有些暴發戶會炫富，掩飾自己缺乏自信，但是這樣的人再怎麼賺錢花錢，也無法透過這種方式建立真正的自信。不論經過多久，還是會覺得被人瞧不起，覺得人家在背後說壞話。

理由④ 為了找到自由

有些人認為，金錢可以買到自由。聽到「自由」兩個字，一般都會想像就是不需要工作，可以到世界上任何地方，隨心所欲過活，去做任何自己想做的事。然後，要像那樣自由的生活，就需要非常非常多的錢。

可是錢卻買不到自由，即便擁有全世界所有的錢，只要你的心不自由，就沒有辦法發揮這些財富的真正價值。如果你在此刻沒有找到自由，就算你中了彩券，或是繼承了大筆遺產，也必定會再回到跟現在同樣的心情。

花錢可以買到一時的幸福感受，但如果不是打從心底得到滿足，真正的自由就會從你的手中一溜煙地溜走。

很多人擁有的自由和機會，其實比他們以為的多。如果一心認為「自己只有一點點存款，所以沒有自由」，是很難抓住幸福的。從事高薪工作、簽下大筆契約、中了彩券，這些都不是通往自由的道路；要得到自由，需要的不是比目前更多的存款金額。

理由⑤ 為了獲得愛與關注

雖然可以用錢得到愛與關注，但是用錢買到的人際關係非常脆弱，說到底只不過是表面關係罷了。一旦錢沒了，愛情也好、尊敬也好、友情也好，都會消失不見。而且，就算能用金錢買到愛情，也經常會帶來反效果。炫耀金錢並且認為「因為自己很富有，所以理應受到特殊對待」，會這麼想的人大部分都很討人厭。最重要的是，不是只要有錢，或者只要你謹慎對待金錢，就能夠過著幸福的生活。

如果你想用錢來得到關愛，那麼所有圍繞著你的價值，就會以你所擁有的金錢數字為基準，雖然也有人覺得這樣很了不起。比起一個人是否有很多錢，大部分的人會從友誼的深厚、愛情的深淺來看一個人的價值。如果不能建立深厚的人際關係，你的自尊心很容易就會受傷，就算你再怎麼有錢，也無法治癒受傷的自尊心。

在這種情況下，人經常會對自己的朋友抱持著被害妄想，覺得「大家之所以圍繞在自己身邊，不過是因為自己有錢而已」，但他們為了得到尊敬與友情，利用的本來就是金錢。

理由⑥ 為了表達愛或感謝的心情

金錢本身的能量是中立的，雖然帶著恨意或憤怒來用會傷害別人，但如果帶著關愛或善意來用就能夠幫助對方。金錢是表達我們的心意或態度的手段之一。

大家想要錢的另外一個理由就是，想要對他人表達在日常生活中感受到的關愛或感謝的心意。這是一個很理想的存錢好理由，但實際上也有需要注意的點。

請各位千萬不要以為沒有很多錢，就無法表達關愛或感謝的心意。我們在收到貴重禮物時雖然感覺開心，但真正打動我們的，應該是餽贈禮物的誠意與心意。禮物的情感含量，並不與禮物本身的大小或價格成正比，最重要的是與對方心靈相通，有足夠深厚的感情。

伴隨著正面人際關係的能量，會把你的錢變成Happy Money，這些錢可說是「利息很高」的Happy Money。你投資的對象，會生出很多的錢，這些錢會變成更多錢輾轉回到你的身邊。重要的是，金錢如何促使你行動。

現在的你，對自己擁有的錢有多大的滿足感？

想到錢的時候，你覺得充滿幸福與活力嗎？

或者想到錢的事情，你就覺得焦慮、心情低落呢？

前文提及的六個理由，有沒有哪一個打中了你？哪一點對你目前與金錢的關係、你對金錢的想法，有什麼影響？

我想提醒一點，不論你擁有多少錢、賺多少錢，都不是問題。你能夠得到多少財富，取決於你對金錢的情感。

如果你對金錢的態度不健全，或是抱持著負面情感的話，就算你有再多的財富，你與金錢的關係、你對金錢的感覺，都不會改變。

你的錢包裡，放的是什麼樣的錢？

如果真的有Happy Money與Unhappy Money的話，你身上帶的是哪一種呢？

就像本書一開頭提及的那位派對上的女性對我做的一樣，請你也確認一下自己錢包裡的錢吧。就算看不到「錢的笑容」，大概也知道你的錢有沒有在笑呢。

如果你對工作或人生感到滿足，你的錢應該也會在錢包裡展開笑顏才對。

如果你很討厭自己的工作，對人生總是抱持著各種不滿，你的錢也會在錢包裡哭泣或生氣。

我相信任何人都希望自己的錢是笑容滿面的，如果你覺得你的錢沒有在笑，那你就必須問問你自己了。

「我的人生至今，究竟有什麼樣的問題呢？」

或許你對自己賺到的金額或資產並不滿意，或許你覺得自己明明就非常拚命工作了，另一半卻不懂得感謝自己，還總是一直抱怨你賺得很少。

如果你的錢是人的話，會是什麼樣的性格？

如果錢是人的話，可能會有各種性格。你的錢可以用什麼樣的性格來比喻呢？是溫柔親切的人嗎？還是壞心腸又很冷淡的人呢？

請你回想過去的經驗。有的人可能會說：「金錢是殘酷的，從我身上奪走了很多機會。」也有人說：「錢給了我至今需要的一切。」

無論如何，到目前為止，錢也曾帶給你很多驚喜吧？可能是來自你的爺爺奶奶，或是獎學金、財團的捐款，或是意外的獎金或分紅也說不定。

如果你的錢永遠是一個親切的人，你將會毫不懷疑地相信未來在金錢上不會有困難，也能夠安心吧。

這樣的人或許在許多世俗定義上並不富裕，但是看起來就是非常「幸福」的樣子。一切都會順利，要想像光明的未來，也並不困難。

但是，對於在金錢上沒有什麼美好體驗的人來說，很遺憾的，他們可能會覺得人生很不公平。到目前為止，無論做什麼都不容易吧。如果你剛好是其中一員，請放心，就算過去一直都不順遂，並不代表未來會一直這樣、人生無法改變、你無法改變對金錢的感覺等。

錢有時會變成令人討厭的東西，但也可能會變成好的東西，而且是非常好的東西。你或許會覺得奇怪，為什麼金錢對不同的人來說，會有這麼大的差異？為什麼有些人的父母可以支應大學學費，需要的東西永遠準備齊全，但有些人就連三餐想要吃飽都很不容易，世事的安排或許令許多人覺得不可思議。

「金錢的性格會隨著它所處的環境或在誰的手中而改變」，我是這麼認為的。所以，如果你感覺不安，這種想法也會投射在金錢上，錢就不再是對你有幫助的朋友了。如果你感覺幸福，金錢就會發揮更幸福的能量，也會一直陪伴在你的身邊。

如果你的錢是像為缺錢而苦的人們那樣，經過好幾代的負面想法跟態度的持續汙染，你就不會獲得充足的錢。想要改變這一點，當然就必須改變你自己賺來、收取、交付的金錢的能量。

金錢可以買到幸福嗎？

我們常聽到「金錢買不到幸福」這句話。

這句話如果是真的，那麼多人拚命想要賺更多錢，究竟是為什麼呢？他們不可能希望變得不幸吧？為什麼有那麼多人不顧一切只想要錢呢？其中還有人甚至為了得到更多錢去犯罪，這又是為什麼？

當然是因為只要有錢，就會有很多好事。問問五歲的孩子想要什麼，大概都會給你糖果或玩具等具體答案。然而，要是問十歲左右的孩子，答案或許就不同了。「給我錢就好，要買什麼，我再決定。」

就連小孩子也已經知道，「錢就像可以讓奇蹟發生的魔法棒一樣。」但在同時，我們也知道金錢買不到幸福。

我們一定是藉著相信有錢就可以買到幸福，來安慰沒有錢的自己吧。實際上，光靠有錢，也不會得到幸福的。

不過，聽說朋友中了樂透，或是從遠房親戚那裡得到遺產時，難免還是會嫉妒。還沒聽說的時候，內心明明就很平靜，但是知道某個人得到了、自己卻沒有時，就沒辦法再保持內心的平靜了。於是就說「金錢買不到幸福」，這樣多少還能夠接受自己身處的苦澀現實——認真研究數字、買樂透卻都不會中的現實。

面對幸福與金錢的禪心

用禪心去面對幸福，不是從「做什麼事」、「有多少價值」、「擁有什麼東西」這些點開始思考，而是從「我是誰」這點開始思考，先思考關於自我的事情。

我們究竟是什麼人？當然，首先我們是人類，而做為一個人的目的就是「生存」。那麼，所謂的「生存」是什麼呢？那就是「存在於當下此刻」，這是無上的幸福，也就是身心同時存在同一個場所的意思。如果此刻的這個瞬間你存在當下，那麼你的心就不會被過去，也就是你曾犯下的錯誤或背負的問題、加諸在身上的危害並為此感到氣憤等所束縛。

如果你存在於此時此刻，那麼你的心也不會被未來，也就是無法預料的結果，或是可能不會順利的事情、也許會失敗的擔憂所煩擾。你就不會再感到膽怯，也不會有一直襲來的精神壓力了。

我們會對金錢感到壓力和焦慮、沒有安全感，是因為一直深記著自己曾經犯的錯或曾經遭受的危害，才對未來一直感到擔憂。**像這樣一直被負面思考拖累的話，就會被自己的過去或未來奪走當下這一瞬間的幸福。**

幸福感只會從人們的心裡產生，因此我們確實無法用金錢買到幸福。無法保證用錢買到幸福，但是我可以斷言，存在當下這個瞬間，盡量不要被對過去的憤怒、對未來的不安所束縛，是更容易做到的，只要自己的人生不要被金錢無可救藥的控制。

我寫過很多本書，訪問過許多人，我採訪的對象並不一定在經濟上都受老天眷顧。訪問完那麼多人之後，我得到一個結論。

「金錢買不到幸福。但是有錢的話，可以解決人生當中的某些問題。」

換言之，不安或精神壓力愈少，存在此時此刻的時間就會增加。

有錢的話，每個月就不需要擔心能不能付得出帳單，也可以請朋友吃飯，送禮給可能成為另一半的人。

金錢無疑能夠帶給你助力，但不是沒有錢就絕對不會幸福。關於人們賺錢的金額與幸福的關係有許多研究，無論哪一項研究都顯示，收入提高，人們的幸福程度也會提高，但以年收入八百萬日圓為上限。*超過這個金額，收入再怎麼增加，幸福的程度也不會再提高多少。比起更多錢為人生帶來的喜悅，環繞著金錢

＊約為二〇八萬新台幣，以一日圓兌〇．二六新台幣計算。

的精神壓力會變得更多。

沒有很多錢也很幸福的人們

這件事如果在紐約或東京等大都市說的話，都會有同樣的反應。大家都會說：「錢這麼少，怎麼可能過得了幸福的生活？」

確實，因為居住的環境不同，生活開銷也會不一樣。但是，不一定要很多錢才能保證幸福，這點請一定要記住。

此時，你可能會想，年收入沒有達到八百萬日圓的人該怎麼辦？其實，我認識某些人儘管家境貧困，仍然十分幸福。

他們為什麼幸福？因為他們跟金錢的關係良好，而且這樣的關係誰都能夠建立。這樣的人不仰賴金錢，也不會打腫臉充胖子，想到未來無法做到的事，不會一直感到焦慮。他們並不相信匱乏的神話，知道萬一有什麼狀況的時候，暫時需要的錢，他們確實都有。他們不會堅持自己一定要在哪裡、要做什麼，也不會做夢以為如果有了更大的房子、更氣派的車子，某天自己的生活就會像施了魔法一樣改變，各種問題都會消失無蹤。

他們對幸福有獨特的想法，錢無法對他們頤指氣使、隨心所欲操縱他們。他們按照自己的心意使用金錢，最重要的是，他們不畏懼金錢。

誰會畏懼金錢？

畏懼金錢的人，其實比你想的多很多。

是愛還是恐懼——你與金錢的關係

我曾經翻譯過傑瑞．詹保斯基醫師（Gerald G. Jampolsky）的一本暢銷書，書名是《心態療癒經典：十二天，轉化自我、走向愛》（*Love Is Letting Go of Fear*）。那本書主張溝通有兩種：愛與恐懼。

面對金錢的方式也有兩種：你對金錢的愛，或是對金錢的恐懼。

你在賺錢、花錢的時候，其中就有愛或恐懼。

舉例來說，我們經常會擔心錢，擔心發生什麼萬一的時候，手頭上的錢如果不夠的話……。錢如果用完了，該怎麼辦？別人的錢比自己多，該怎麼辦？如果別人賺得比較多，自己可以賺到的錢會不會變少了？萬一失業，若真的發生，該怎麼支付各種帳單呢？

就連在用錢的時候，都有恐懼。

如果隨便魯莽花錢，錢會不會很快就不夠了呢？

所以，在花錢的時候，又會感覺到壓力。買下去不會錯吧？要是被騙了該怎麼辦？買了多餘的東西，如果馬上就膩了呢？買了這個，後來想買別的，錢會不會不夠？

多數人在作出決斷時，都沒有發現已經混入了這樣的恐懼。確實，這些都是無可避免的，在這樣的恐懼中也是有道理的，是有應該恐懼的理由。

恐懼與生存本能有關。在金錢上，如果做出什麼無可挽回的事情，可能就會連住的地方、食物、衣服都會無法取得。有人生來就比他人對恐懼更加敏感，也有人因為與金錢的關係是負面的，或是受到早就有根深蒂固的恐懼感的雙親或親戚的影響，而漸漸開始懷有恐懼心。但是，也有人完全沒有恐懼，一點都不會去想錢沒有了的事。

我們從小的時候開始，就被教導要「正確使用」金錢，也不知道父母是以什麼標準來認定「正確」，就只是一個勁兒這麼強調。錢要花在什麼東西上、為什麼會不夠、要如何不隨便亂花錢等，在金錢方面應該都曾被這樣告誡過吧。當我們長大成人之後，仍然抱持著這樣的恐懼，在對這些東西渾然不覺的情況下，或是對自己如何懷著恐懼使用金錢完全沒有自覺。

令人遺憾的是，我們現在的經濟體系，已是以恐懼為基礎。那是因為我們的社會是以恐懼為根基形成的，在教育體系或職場，說不定就連在家庭生活中也是。

我們要是做錯了事，會很害怕被責備。我們害怕別人擁有自己沒有的東西，所以欲望變得愈來愈重。很想要有錢，或是害怕不足，於是拿著不合乎自己身分的東西，以不適合自己的方式使用。害怕自己的孩子落後、怕被別人占了優勢，就讓孩子去上昂貴的私立學校，一邊抱怨著要繳稅給公立學校用。

因為害怕孩子變成品行不良，必須嚴厲斥責孩子，或是害怕孩子做出讓你丟臉的事，於是壓抑孩子。

有這麼多人對金錢抱持恐懼，在某種意義上來說，就表示這很正常吧，因為這是很自然的情緒反應。如果你用心傾聽自己的心聲，就應該會明白，在家庭、職場、社區等，無論在哪裡，你的很多行為背後就是恐懼。

如何與金錢建立有愛的正向關係？

恐懼的相反就是愛，懷抱著愛，就是不害怕什麼會傷害自己、什麼會離自己遠去。懷抱著愛，不論你愛誰，你必須相信那個人會陪在你的身邊。幾乎所有父母都說愛自己的孩子，但是這份愛有時也會以恐懼的形式表現。

因為擔心，當孩子想要嘗試一些新鮮事物時，誤以為阻止就是愛。因為擔心錢，於是沒辦法默不作聲看著孩子在職涯或人際關係上放手一搏。恐懼，無論從任何一個角度來看，怎麼聽、怎麼想，都像一道枷鎖。

相對來說，愛可說是正好相反。愛就是「無條件接受對方」，相信一切都會順利，但也不是盲目相信，而是就算現在想做的事情進行得不順利，也相信「一定能夠找到幸福」。

有了這樣的愛，感覺就像解放了自己似的。

就像「存在此時此刻」的感覺，沒有對過去的憤怒，也沒有對未來的不安。此時此刻身在此處就非常幸福，自在得不得了，由衷感謝自己擁有的一切。有感謝的地方，就會產生喜悅與幹勁，這份喜悅與幹勁就會帶給你幸福。

Happy Money禪心

和金錢建立既不擔心也無壓力的關係，是一種什麼樣的感覺呢？我想，大多數的人都想像不出來。

請你這樣思考：「與金錢一起過著平靜安穩的生活是可能的。」

帶著對金錢的「愛」生活的人們，做著自己喜愛的工作，同時也賺取充足的金錢。事實上，他們經常掛在嘴邊的，就是「已經夠了」或「需要的東西全都有了」。他們可能不是什麼有錢人，但是真正需要的東西全都擁有了。他們把自己愛的放在人生的正中央，由於經濟上很滿足了，所以在日常生活中，就不會感覺到金錢壓力。

就算去餐廳吃飯或到商店買東西，他們都不是以價格、而是以自己的喜好挑選。他們不會永遠都只買貴的東西，只是選擇自己喜歡的東西，因為他們知道自己真正想要的是什麼，所以不會胡亂採購一堆東西，也不會專挑貴的或名牌下手。決定東西適當與否時，他們一點也不在意別人的眼光，他們自己覺得很滿意，因為這就是真實的自己、理想的自己。

也因為他們就是如此，所以才能與他人建立良好的信賴關係。他們交往的，都是自己喜歡的人。

他們不會為了引起對方關注，刻意扭曲自己去與別人交往，也不會特別配合那些企圖引起自己關注的對象。他們跟家人的關係良好，共同度過一些充實的時光，因為他們不會為了賺取更多更多的錢，汲汲營營只有工作。當然，他們也會感覺到金錢壓力，但是這種時候，他們都會這麼想：**「偶爾也會有這種時候，不過總是能度過的。一定會有辦法的。」**

重要的是，他們知道如何紓解壓力，不會因為害怕「可能會發生什麼不好的事」，企圖去操控事物。就算感覺到與金錢相關的恐懼，也能看清那是不是現實。

說到底，這還是因為他們自己決定如何面對金錢——有意識的，或者是在無意識中，慎重面對金錢。在某種意義上，可以說他們是用禪心來看待吧。

每個人，都能決定自己要如何面對金錢和人生。

具體來說，該怎麼做才好呢？

首先，要有一顆感恩的心，不要認為絕對不會滿足。試試看這麼思考如何？「我已經擁有所需的一切，我由衷地對一切感恩。對於工作、食物、自己的車子等，還要感謝自己擁有的所有金錢。」

試試看，錢來到手上的時候就說「謝謝」，離開的時候也一樣說聲「謝謝」吧。感謝金錢曾經帶給你的幫助，對它帶來的東西表達感謝。

無論發生什麼事，都把感謝說出口。

「謝謝」這句話，擁有了不起的力量，能夠幫助你改變你跟金錢的關係。你跟金錢的關係變得愈好，壓力就會減少。然後，就會有更多幸福來到你的身邊，甚至來到你的錢的身邊。於是，在你錢包裡那些帶著不幸臉孔的錢，一轉眼就會變得笑容滿面，逐漸變成Happy Money，你很快就會發現的。

第2章

金錢IQ與EQ

happy money

真正成功的人的面貌

二十歲出頭的時候，我讀遍了所有書名裡有「金錢」、「投資」、「商業」、「成功」這些字眼的書，非常熱中研究錢跟商業的相關知識。我去參加一些著名商務人士的演講，為了加深對方對自己的印象，提出了一些有趣的問題。演講結束後，立刻為他們送上「聽了你的演講非常感動。請收我為徒或請讓我當助理！」的感謝卡。

誠如大家想像的，一開始並不是很順利。但是有一次，有一個很親切的人邀請我共進午餐，將他自己的許多知識和經驗都說給我聽。那個人還介紹了其他成功人士給我，我便陸續去拜訪他們。這當中我發現，有錢又成功的人並不是每個都一樣。即便旁人看他們是「什麼都有了」，但實際上他們卻都有截然不同的人生。

某次，我正在等待與一位新的導師見面時，不經意問了一位像是他的祕書的人關於這位導師的個人生活的事。這位小姐面露困擾地回答我：「我才剛到這裡工作不久，所以不是很清楚。」之後過了不久，我才知道幾乎所有人在那裡工作的時間，都還沒有長到足以清楚認識老闆。由於他發言辛辣、要求又嚴格的態度，在那裡工作的人都是只待了幾個月就辭職了。察覺到這一點之後，我也逃走了。

當然，在我遇見的有錢人當中，也有為人敦厚、親切、受到部屬愛戴的人。像他們這樣的人，才是「真正的成功者」。

要看出是真的還是假的，方法就是看看他的部屬會不會私下說他的壞話。

如果他們會在背後說壞話，那麼這個人的本質或見識其實不怎麼高明的可能性很大。如果時間不長，在許多人眼中看起來可能是很了不起的人，但是這些在日常生活中長時間相處的人，就會知道他們真正的樣子。並不一定是有錢或有社會地位，就一定能為這個世界提供什麼有意義的事物。值得我們注意、學習的點，應該在其他更多地方。

金錢智慧二元論

在這裡就浮現一個很有趣的問題了。那些奸詐狡猾、機警精明之人，為什麼乍看之下會像是成功的有錢人？

我很想知道答案，於是開始調查，認為這世上應該有通往成功的明確道路，應該有既定步驟可以抵達才對。多數關於金錢的書籍裡，簡單來說，經常都寫著這些內容：「努力工作、賺錢、節約、儲蓄、投資理財……，總有一天會變成有錢人。」

我也單純認為：「那我這麼做的話，就會變成有錢人囉！」但是，真有這麼簡單嗎？

我想大家已經知道，在現實中，拚命努力工作賺了很多錢，也不一定就能樂享成功。

那些奸詐狡猾、機警精明的有錢人，真實的評價總有一天會逐一浮現，傳聞必然會擴散開來！

騙子或不誠實的商人，以長遠的眼光來看，絕對不會賺到。一兩次的話也許騙得到人，但要長期總有困難，不久就會露出馬腳。而且，這類人因為都很貪心，名聲、金錢、世人的關注，全都想要獨占，會為此花錢撐場面，但背後卻可能會削減經費、小氣摳門，該付的錢沒有支付等。

相反的，我發現內心溫暖、真心為他人的利益著想的人，最後一定會成功。他們的特徵就是為人大氣與體貼，在金錢上的態度也非常大方。

我有一位導師說過這樣的話：「成功的關鍵，就在交易的時候，一定要輸一點給對方（讓利給對方）。」

這麼做，就能讓所有人都很愉快結束這場交易，對方會有「贏了」的感覺。因為這樣的做法，經常以商業夥伴或客戶的事情為優先考量，確立了為人正直又誠懇的評價，沒有人覺得自己被利用。長期下來，很多人都想一起工作，客戶跟生意都源源不絕。

我看過很多奸詐狡猾、溫柔體貼、普通的人，也有工作到連休息時間都沒有的能幹商人，一時之間成了賺到大錢的企業主，卻又失去一切。我也認識沒上過大學、沒學過投資的基本知識，工作卻很能幹，得到客戶的喜愛，於是變得很成功的人。

我覺得很混亂，於是跟導師談到自己的觀察。他告訴我，金錢的智慧是由兩個部分構成的：金錢ＩＱ與金錢ＥＱ。

金錢的ＩＱ（智商），就是與財務有關的知識，例如投資或稅務等，還有其他一般有關金錢的知識，可以透過學習習得。而金錢的ＥＱ（情商），則是指處理金錢所需的感性技巧。即便是取得ＭＢＡ學位的高知識分子，如果金錢ＥＱ低的話，可能有一天會失去金錢。這世上有許多明明擁有各種氣派的頭銜，頭腦也非常好，卻做出錯誤的選擇而破產的人，就是這個緣故。

為了過著擁有Happy Money金流的人生，健全的金錢ＩＱ與金錢ＥＱ兩者都是必備。如果能夠理解賺錢知識的一面跟情感的一面，就能與金錢有良好的關係。

「原來如此！我明白了。」

這麼一來，「為什麼會有有錢的人跟一直失去錢的人」，謎團就解開了。

但是，知道是一回事，做到又是另一回事。到目前為止，我看過很多賺到錢又失去錢的人，我自己也曾經是。

現在，我總算回到「在Happy Money的金流方式中，過著舒適生活」的境界。在這個過程中，我學到很多。

就算沒能成為大富豪，只是一個極為普通的人，也可以挑戰成為一個小富人，這種挑戰對個人來說比較輕鬆。

那麼，要充分提高金錢的ＩＱ與ＥＱ，成為一個幸福的小富人，具體來說該怎麼做才好呢？

步驟一當然就是，理解金錢ＩＱ與ＥＱ的基礎。

幸福小富階級的金錢ＩＱ

金錢ＩＱ經常容易被誤解為金錢管理，但那並非金錢ＩＱ的主要功能。在金錢知識的背後，有更深層的意義必須理解，也就是思考如何賺錢、用錢、守住金錢、增加財富。

◎賺錢

如果你的目標是幸福富足的人生，做自己最喜歡的事，與他人分享自己獨特的資質或才華，真誠做一些對周圍的人有幫助的事情，就一定會成功。不過，也有一些人相信，為了賺錢，必須背叛自己的信念、控制他人才可以。

最棒的賺錢方式，並不是在血腥競爭中求勝，或是一直苦思用更簡單、有效率的方法賺到更多錢，而是對自己誠實，將自身才華分享給這個世界。這個結果就是，無論你去到何處，都能夠分享、擴散喜悅。也就是說，你得到的金錢，是客戶或顧客純粹的感謝。

◎活用金錢

若以幸福富足的人生為目標，就不能只想著要節約，而是要有意識地活用金錢。請把錢花在會讓你感到幸福的事、花在你想要的東西上，當你有意識地善用金錢，就不會覺得自己是在浪費錢。

關於讓自己滿足的金錢使用法，有一本詳細說明的好書，那就是伊莉莎白·鄧恩（Elizabeth Dunn）與麥克·諾頓（Michael Norton）合著的《快樂錢：買家和賣家必讀的金錢心理學》（*Happy Money: The Science of Smarter Spending*）。兩位作者驗證了各種人的金錢使用法，以整體性來看，將錢花在最符合自己價值觀的事情上的人是最幸福的。

此外，他們還詳細調查了許多研究、觀察人們的行為，結果就是，**對自己的花錢方式最滿足的，並非那些努力去搜集東西的人，而是累積了各種經驗、努力活在當下的人。**

如果說「善用金錢」就是節約或存錢的話，人生就會變得有一點痛苦了。那樣的人生，就會變成像一場要盡量遠離自己想要的東西的遊戲。

習慣強迫自己存錢的人，或許可以探究一下為什麼自己那麼想要節約，為什麼會害怕用錢？

如果是付錢買下會讓你覺得幸福的東西，你最多願意付出多少錢？

評估自己心中的優先事項，學會花心思在真正能讓你開心的事情之後，你不但會更有自信地使用金錢，也會覺得自己學會了聰明的用錢方法。

◎守住金錢

為了守住金錢，除了存錢、不讓其他人隨便動用你的錢之外，建立有意義的人際關係是更重要的，你必須在金錢與他人之間設下明確的界線。如果你身邊有人，例如家人、朋友、員工或客戶等，對你的錢有某種企圖，問題不在錢的身上，而是在你的人際關係上。如果有人苦心積慮計畫要搶你的錢，那就很有問題了。

常見的離婚原因就是金錢問題，丈夫或妻子花的錢超過對方所想的，或是花的錢超過能用的時候，幾乎都是因為一方為了保護自己或保護金錢，不向對方說明關於金錢的重要資訊。結果，夫妻關係最後變成只有離婚一途，明明只是想要保護兩個人的錢，卻失去更多東西——有離婚經驗的人，應該知道離婚要付出代價。

保護金錢最好的方法，就是好好建立並珍惜人際關係。要做到這一點，當然就是要信守明確而易懂的承諾，包括遵守法律，其中最重要的，就是建立公開且能夠誠實溝通的關係。如果能跟身旁的人建立真誠透明的人際關係，就沒有必要過度保護你的錢了。

◎增加金錢

說到增加財富，幾乎所有人想到的都是投資或其他理財技巧。然而，對生活幸福富足的人來說，增加金錢不只是跟經濟有關的工具知識而已，真正的意涵是要尋找你真心相信的目的，並且以金錢來支持這個目的。以長遠的眼光，為了達成目的，給予各方面的支援。

成為幸福小富階級的決定性方法就是，讓金錢與你的價值觀和信念一致。你必須對自己或自己的事業進行投資，你工作獲得的成果——利益，是為了讓你享用的。這麼做，會讓你注意到市場的波動，因為你很清楚狀況，當投資情況不佳或出現危機時，你也不會瞎操心，胡亂做出之後會後悔的決定。

由於你支持的是與自己擁有相同的價值觀或願景的人，就不會馬上在意自己是否有賺到錢。因為長期下來得到的利益不會改變，由於你一點一點地持續投資，所以能夠成功，畢竟市場一直都在改變。持續多元化投資，你所投資下去的多數Happy Money，就會讓你真心看重的項目大放異彩。

幸福小富階級的金錢EQ

金錢EQ，是指我們對金錢的情感面上的知性。我們必須知道金錢情感面背後更深層的意義，思考如何去接受金錢、品嚐快樂、信賴自己、懂得分享。

◎接受金錢

要使人生豐富，最重要的就是「乾乾淨淨接受金錢」。如果在接受幸福或富足的時候有愧於心，擁有再多的錢，或是得到再崇高的地位，也無法真正感受到幸福與富足。接受，是給自己「接受的自由」，理解自己有接受與生俱來的幸福的價值。

以積極的態度接受禮物或機會、機運，這件事有多重要，再怎麼強調都不夠。人們往往沒有察覺到眼前的幸福，無法心懷喜悅地接受。被否定的觀念限制，錯過了近在眼前的大好機會，追逐著與自己不匹配的事物，結果就是失敗。

由於太過拚命想要得到自己認為必需的東西，而錯過眼前的大好機會，這樣的經驗我相信每個人都有。

將注意力轉向你接受的東西，你應該可以發現你得到的有多少。一旦開始真正接受，你才會懂真正的富足是什麼。

◎感謝金錢，享受金錢

當你感謝自己享有的事物時，你才能與當下這個瞬間真正產生連結，這也是禪學的終極意義。幸福就是活在當下，專注於當下的意思，不是過去，也不是未來，就是當下此刻，它就是人生帶來的禮物。唯有在你享受當下的時候，才是在體驗真正的富足。

遺憾的是，大多數的人並不具備這種意識。對大多數的人來說，人生就是一場競爭，就算得到了什麼，只要有一瞬間的享受，就會覺得不可以浪費時間而感到焦慮，因為他們覺得必須開始準備下一次的比賽了！他們相信，如果不這麼做的話，就會輸給別人。如果像這樣維持競爭的匱乏意識，就會從當下的這個瞬間切割開來。

為了過去的失敗而後悔，或是過度擔心未來可能發生的失敗，就會變得無法感謝、享受自己工作所獲得的成果。

要感受到富足，就必須百分之百活在當下這個瞬間。想要享受人生與富足，

就要懂得享受當下。如果只是為了往前邁進每一個瞬間狂奔過去，那麼一切就在當下，眼前的豐足你都會錯過。

◎信賴金錢的流動

一旦有所疏忽，我們經常需要為了錢的事擔心，因為不確定錢是否一定會進來而感到不安，無法產生足夠的信賴感。為了充分發揮人生的可能性，重要的並不只是金錢或物質富足，對自己的能力有自信也很重要。即便是沒有什麼錢的時候，只要擁有高度的自信、自尊心，就能夠穩步走向豐足。

雖然如此，大多數的人對未來總是充滿疑慮。若是一直對自己或未來存疑，那麼等在前方的也會是一個前景不明的可怕世界。害怕挑戰新的事物，對人生的變化感到恐懼，對分享自己的技術或才能感到恐懼，害怕被人瞧不起，想要感受幸福和富足，就必須振奮起來，對自己的能力有自信。

有自信的人，並不是因為有錢才有自信，而是因為有自信，所以才會變得有錢。**你在得到金錢之前，必須先相信自己。可以說，所有成功都是自信的副產品。**

和金錢有關的精神壓力，很多都來自對金錢流動的不信任。懷疑賺來的錢將來會不會不夠，或是擔心現在所做的計畫會不會只是浪費時間跟能量，為了堅定決心、有自信地採取行動，就必須接受金流永遠都是流動的。

◎分享金錢

當你每天都能過著幸福、豐足的日子，應該能懂「人生就是為了分享而存在的」。不要猶豫與他人分享喜悅、提供自己的技術，因為與他人分享喜悅，自己的喜悅也會躍增。只要曾經與他人一起品嚐過幸福的滋味，應該就會發現想要變得幸福，除此之外別無他法。如果做什麼事都只是為了自己的話，很容易就會變得感覺空虛。

人生的各種層面與人分享，就能夠感覺到幸福。樂趣、金錢、服務、天資或才能等，要分享什麼不是問題，重要的是分享！

分享給家人、朋友、同事、客戶，還有社會上所有的人，把你的時間、才能、天資，大方分享給其他更多的人，結果就是讓更多的富足流回你自己的身邊。

你知道為什麼嗎？

這是因為分享的原理與自然法則相通，自然界是由分享的結構所組成的，一切彼此相連，只要有一部分運行不順，所有均衡都會瓦解。如果有更多人能夠共享人生的快樂，能與大家共有的話，那麼世界上大多數的問題應該都可以迎刃而解。

在《金錢的靈魂》這本書中，作者琳恩．崔斯特這段話說得真是很好。

金錢就像水。那是一條承諾的水流，也是流動的愛。

金錢朝著我們最崇高的承諾而流，孕育了世界與我們。

你感謝的東西也會感謝你，你若影響了自己擁有的金錢，這個影響也會蔓延擴大。

合作產生繁榮。

真正的豐富雖然會從充分擁有豐富之處流過來，卻不會從更富足的地方流過來。

金錢載著我們的意志。若我們誠實運用，金錢也會運著誠實而去。

理解金錢的流動吧——你有責任讓你的金錢流向世界。就如你的金

錢會呈現出你的靈魂一樣，把你靈魂中的訊息挹注到金錢上吧。

好好利用你的資產——不是金錢，而是你的本質、能力、人際關係或金錢以外的其他資產。

五種金錢EQ，你是哪一種？

你與金錢的關係，有一定的模式存在。如果沒有受過完善的金錢教育，恐怕就會符合接下來要討論的五種性格類型的其中一種或結合多種。

了解你是哪種模式，就能理解你的行為根源。為了與金錢建立健全的關係，最初的步驟就是誠實認清自己目前站在哪個位置上。

理解自己目前的狀況，下一個步驟就是回頭看一下，思考一下自己是從哪裡開始，又是如何走到目前這個地方來的。在這個過程中，你應該會察覺到各種跟自己有關的事情才對，例如家人的祕密、父母年輕時的故事，又或是試著找出祖父母小時候令人驚訝的小故事。

像這樣尋找根源，就能夠更深入理解自己。足夠認識自己，就能用反映出真正的自我與自己視為目標的人物樣貌的新價值觀，來重新安排、修正自己的計畫了。

從金錢EQ的觀點來看，大致上可以分成三種基本類型：（1.）積極研究金錢，企圖控制金錢；（2.）可以的話，盡量避免跟錢扯上關係；（3.）與錢保持距離。

我將第二種不想跟錢扯上關係的類型稱為「不關心型」，第三種怎麼都想跟錢保持距離的類型就稱為「僧侶型」。

至於第一種，那些積極研究金錢的人，又依他們想要如何控制金錢，可以分成三種：「儲存型」、「浪費型」、「賺錢中毒型」。前面提過的那兩種，加上這三種，就是人類對於金錢的五種基本性格。

舉例來說，可能像這樣：

◎儲存型＋浪費型＝被壓抑的浪費型

↓存錢存到某種程度，再一口氣花掉（浪費掉）的人就是這種。

◎浪費型＋賺錢中毒型＝賭徒型

↓這類型的人會賺很多錢，花起大錢來毫不猶豫。

◎儲存型＋浪費型＋賺錢中毒型＝總是擔心型

↓這種是結合了積極研究金錢的三種類型的人，每天除了睡覺的時候以外，一直在為某些事情擔心。

此外，還可以排列組合出非常多種的金錢性格，我們來看一下你可能是哪一種金錢性格吧。

◎超愛儲蓄的猛存型

擁有這種金錢性格的人，喜歡存錢喜歡的不得了，最大的興趣就是看著存款帳戶，而且他們擁有的特殊才能是——你不用太訝異——儲蓄。在路上看到錢撿起來，然後拿回家存進小豬撲滿，大概就是他們的最佳寫照。擁有這種金錢性格的人，深信只有儲蓄才是人生的安心保證。

由於他們以這樣的信念為中心生活，所以生活非常樸實。他們在購買特賣商品上大多非常專業，哪家電信公司最便宜、哪張集點卡最划算，還有要買機票的話什麼時候買最便宜等，他們在這方面應該可以給你非常棒的建議。擁有這種金錢性格的人最生龍活虎的時候，就是在確認自己的帳戶餘額正在穩定增長的時候。

儲蓄中毒的類型，會將生活中的奢侈享受當作敵人。實際上，會成為他們的興趣或習慣的活動，原則上都是不花錢的，就算要花錢，大多也只會花一點點。

他們許多人都忘記了小時候內心描繪的「人生若是能這樣就好了」的夢想，可能就連對原本一開始讓他們想要存錢的理由，都已經失去了興趣。

許多儲蓄中毒型的人在人生當中，都存在與金錢有關的痛苦回憶或恐懼心情。他們大多是在環境不是很好的家庭中長大的，令他們擁有痛苦或寂寞的經驗。或許是家裡的事業破產，或是父母賺的錢不夠，也有很多人是因為祖父母那一代曾經破產的影響，一直延續到現在這一代，就連擔心會失去金錢的恐懼，都繼承下來了。

除了這些，還有由於父母不懂得用錢之道而造成的痛苦，很多人因此抱持著絕對不要跟父母遭受同樣狀況的強烈意志。然而，無論任何時候，都是由他們對金錢的恐懼感獲勝。他們可能不知道這就是金錢控制人生的開始，甚至從未能夠發現。儲蓄中毒型的人，認為自己的判斷是有道理的，自己做的一切都是正確的。

如果你認為自己符合這種金錢性格，你必須好好面對你對金錢的不安或恐懼心理。在產生這種心情的時候，或許就是深入挖掘的好機會，因為不管你再怎麼儲蓄，也無法消除最初讓你覺得「一定要盡可能掌控金錢」的不安理由。

許多儲蓄中毒型的人，由於太害怕錢會不見，完全不去使用長時間儲蓄下來的錢，就這樣度過人生。

◎浪費型／花錢中毒型

浪費型，就是純粹喜歡花錢。擁有這種金錢性格的人，在路上撿到錢的話，壓根不會想到要像儲蓄中毒型的人那樣，回家放進小豬撲滿裡存起來，會直接走到離他們最近的自動販賣機，享受免費喝飲料的樂趣。這種類型的人，完全無法理解儲蓄中毒型的人那種花錢會有罪惡感、必須存起來才安心的心理。

以朋友交往來說，儲蓄中毒型的人很無趣，但是花錢中毒型的人，應該會為你的人生帶來最歡樂的時光。他們的心裡最重視的就是「YOLO」這個座右銘，也就是「You Only Live Once」（人生只有一次）。

擁有這種金錢性格的人，很多都很平易近人、擅長交際，所以跟他們在一起應該都很快樂。他們最喜歡沒來由饋贈禮物，或是在特殊的地方請朋友吃飯。

然後，他們會說：「因為不景氣，大家都不花錢了」，帶著經濟都要靠他一人力量支撐的奇妙自負。此外，雖然是極端的例子，有些花錢中毒型的人會一直花得比自己的收入多，然後陷入破產危機。

他們這樣的行為也是有理由的，擁有這種金錢性格的人，是因為覺得事情會照自己所想的發展，所以才這樣花錢。買東西的話，就會感覺自己似乎在某種程度上可以控制身邊的一切——這是很自然的心理。

比方說，購物的時候，店員會很有禮貌地低頭鞠躬（至少在日本是這樣），對你說的一切認真豎耳傾聽、回應。這對花錢中毒型的人來說，會有自尊心跟自我價值獲得認可的感覺。

這個類型的人大多自尊心很低，經常覺得喘不過氣來，為了逃離這種感覺，就要馬上去花錢買個什麼。這麼做，可以讓他們解放日常生活中的精神壓力，紓解心情。

然而，在店員把買的東西包起來、遞給他們之後，那種討厭的感覺又會一點一點回來了。擁有這種金錢性格的人，大多不能真心享受自己買的東西，很多件新買的衣服從來沒有穿過，一直放在衣櫥裡，就是這個原因。

有趣的是，這些花錢中毒型的人，很多都是儲蓄型的父母養大的。他們的花錢方法，是因為在強迫他們保守用錢的父母身邊長大，一直有窒息或無聊的感覺，所以才做出完全相反的事情來。

◎賺錢中毒型

賺錢中毒型的人，認為只要盡可能賺錢，人生就會更順遂。這個類型的人，在路邊看到錢的話，會說「這代表幸運女神確實存在，這就是祂在我身邊的證據」，然後向身旁的人炫耀。

為了提高自己賺更多錢的能力，他們幾乎耗盡了所有能量。比起與家人朋友共度的時光，他們對於自己以工作效率或時間管理能力、在生意上的成功為優先，並沒有什麼罪惡感。

原因就是，他們打從心底相信「自己所做的，都是為了心愛的家人，甚至是為了這個社會。」

賺錢中毒型的人，生存下去的養分就是自己在金錢上的成功得到他人認可或認識。因此，他們一心期望增加收入或資產、增加自己的附加價值，往往就會忘了其他事情。

遺憾的是，無論他們再怎麼努力賺錢，身旁都會有賺得比他們更多的人，所以他們並不會覺得自己已經得到他人充分的注目，結果他們的口頭禪就是「我要更加努力！」

◎不關心金錢型

這個類型的人，幾乎不會察覺金錢的存在，就算在路邊看到錢，可能只是完全沒有發現就直接走過去。對金錢不關心的人，很多都是教授、教師、公務員、醫師、研究者、藝術家或專業主婦（主夫）這種職業的人，生活得彷彿就像是金錢不存在似的。

這個類型的人平常的生活，就是早上起床、帶著便當通勤，直到回家的時間之前，都專注在自己該做的工作上。他們大部分的日子不大會去思考有關花錢或金錢上的事。對金錢沒概念，或者說不關心的人，都把金錢的管理交給商業夥伴或配偶。

因此，他們對自己有多少錢，或是重要的金錢相關文件放在哪裡，都沒什麼把握，純粹就是沒概念。當然，他們也必須為了生活花錢，但是從來沒有操心過跟錢有關的事情。

普通富裕，是擁有這種金錢性格的人的特徵。首先，他們不大花錢，所以自然會存下來。此外，他們從小時候就沒什麼經濟上的問題，不論如何錢的事情他們都不大會去思考。對金錢不關心的人，在各種類型的人當中，可以說是最幸福的人了吧。

只不過，當負責管理金錢的人不在了之後，有時就會發生悲劇。某一次，我曾經支援過一個金錢都由太太管理、太太卻猝死的藝術家，那位男性連自己的錢包在哪裡都搞不清楚，卻成了家中唯一負責管理財務的人。

這個類型的人，在能夠保持不關心的時候是很幸福的，但是不久後現實的金錢責任，可說幾乎會確實逮住他們。

◎嬉皮型

這個類型的人，認為金錢是萬惡的東西。這個類型的人如果在路邊發現有錢，就會很本能地用在募款，或是用在無論如何必須花錢的東西，例如當天的飯錢上。

嬉皮型的人，傾向於把錢看成許多問題的原因。他們希望世界上的人，都不是想賺更多錢的人，或者都不是消費主義者。他們認為，這個世界會變糟，都是因為拜金主義。因此，他們置身於遠離金錢流通的世界，住在自給自足的社區，或是過著不會被時間或工作束縛的生活型態。

擁有這種金錢性格的人，對於為自己貼上標價這種事情並不重視，希望能夠盡可能過著不受金錢影響的人生。

◎儲蓄散財型

這個類型的人是儲蓄型與花錢型的混合型，儲蓄散財型的人幾乎都是嚴格且認真的人。儘管如此，當他們突然發現必須做什麼的時候，就會一口氣把錢花掉。因此，當平常看起來在工作上、在金錢上都相當穩定的他們，竟會缺錢的時候，就會嚇到身邊的人。

他們基本上是想利用存錢來控制人生，他們相信這樣是最好的，所以發奮努力勤勉存錢。然而，當他們覺得再這樣下去就會窒息的時候，就會將壓抑許久的東西一口氣吐出，那就是鐘擺一下子從「儲蓄型」擺盪到「浪費型」去了，這個部分或許有點類似減重。

他們一旦要使用存下來的錢時，會去買一些不必要的東西或是不會去用的東西，花在很奇怪的地方。例如，明明沒有駕照卻想買車，然後說出類似這樣的話：「因為價格很划算啊！我覺得，如果要買，就得趁現在了。我也在想，差不多該來去考駕照了。」

我認識的女性裡面，就有人花了好幾十萬日圓衝動買下營業用的美容機器。她說的是，這是給努力加班的自己該有的獎勵，但是買完之後，馬上就後悔了。理由是，她明明覺得買下來就要用，但不知道為什麼，光是看到那台機器就覺得有罪惡感，最後就把它收進衣櫃裡放著了。

◎賭徒型

這個類型的人，就是賺錢中毒型加上浪費型的混合型，很喜歡做令人亢奮的事情，永遠都在追求刺激，自然就喜歡冒險，只有勝利的時候才會覺得滿足，輸了就很後悔。賭徒型的人的目的——即使他們自己實際上也明白真的是這樣，並不是純粹想要增加資產，這個類型的人本身就是沉迷於冒險就一定會得到刺激這種事。

結果就是會突然得到預料之外的利益，或是蒙受悲慘的損失。

這個類型的人，對於期貨交易或創投相當熱中，他們認為如果人生活得很單調的話，還不如死了算了。

我所見過的賭徒型的人，經常都是被儲蓄中毒型的父母養大的。和金錢上非常囉唆不乾脆的父母一起度過無聊的生活所造成的反彈，小孩子就變成浪費型和賭徒型的人了。

◎擔心型

這個類型的人經常都在為錢擔心，就算擁有再多的錢，也還是在擔心。有錢的話，就擔心他們擁有的錢會不見，如果沒錢就擔心沒錢。

擔心型的人並不信賴人生，大多一廂情願認為將來會有很多問題，然後又會擔心。例如，他們會擔心明明沒有借的錢要付多少利息。

這個類型的人做人沒有自信、自尊心低，對任何事情都沒有自信。擔心型的人就算日子過得還順遂，也會害怕萬一發生什麼嚴重的事情，一切都會完蛋。

該注意的是，像這樣的恐懼，其實跟金錢沒有直接關係。不如說他們對人生整體的恐懼，會特別投射在金錢上（這一點請好好記住）。而且，只要這樣的恐懼沒有消除，他們對金錢的不安也不會消除。

如何提升你的金錢ＩＱ與ＥＱ？

大多數的人都認為相較之下，金錢ＩＱ比金錢ＥＱ重要。但是，經過我以個人為對象所做過的諮商，客戶在後來的二十年當中產生的變化看下來，我認為金錢ＥＱ遠遠比ＩＱ重要得多。

很多跟金錢有關的失敗都跟情感面有關。假使你是世界第一的天才，如果不能控制情感、理解各種情感會影響自己的行為，就無法對金錢相關的事務做出明白正確的判斷。

我想到的一個好方法是，去尋找一位能夠理解你的情感面與內在性格，可以協助你評價自己與金錢的關係，並且看出你的整個職涯、給你指引的導師。

你或許會覺得「我身邊沒有這樣的人」，三十年前，我也有同樣的感覺。但是，問過很多人之後，意外地我很快就找到了，那個人很可能就是你好友的叔叔或同事的表兄弟之類的。

這個階段或許是最大的難關，也許你會不大想讓朋友們知道你突然開始對錢產生興趣了，但這不是什麼丟臉的事。

非但如此，我甚至希望你能夠為跨出這一步的自己感到驕傲。在你之後，你的朋友或你愛的人可能也會踏上這條路。

過去，我一直過著很幸運的人生。所有親戚中第一個上大學的人是我，我為此感到驕傲。為了養育女兒決定半退休的時候，大家都被嚇到了，覺得很不可思議。妻子懷孕，通常丈夫會更努力工作，我竟然辭掉工作，也太荒唐了！

然而，就在我寫下我的體驗時，許多年輕的日本父親們也開始考慮為了小嬰兒半退休，或是更想更積極參與育兒工作，真正開始打算為了家人留下時間。對於這樣的舉動，我真的感覺非常高興。

我成為年輕父親們的導師，其中許多人下次就換他們變成身旁年輕人的導師。找到一個可以伸出手來引導自己的人是很重要的事，我一直相信一句很有名的諺語：「學生準備好了，老師就會出現。」當你準備好了的時候，你的導師應該就會出現了。

不要只是因為不安而存錢

很多人因為害怕未來而存錢，擔心可能生病，擔心可能失業。存錢是為了不測之事，為了可能會發生什麼不好的事情做準備而存錢，日本尤其有許多人有這樣的想法。

然而，若是因為不安或恐懼而存錢，在金錢流動中的恐懼與不安，也就是障礙，也會增加。

副作用就是，無論存了多少錢，都不會讓你對金錢的不安消失。如果你的存款是零，就會想說姑且存個一週的生活費吧。如果辦得到，應該就可以輕鬆悠閒考慮金錢以外的事情了。

如果你存了一週的生活費，下次就會感覺好像必須存一個月所需的生活費。之後就會覺得需要一年份、兩年份、五年份的錢，沒完沒了。就算你存到可以花用一輩子的錢，接著你又要擔心失去所有的錢。

總而言之，這樣的做法一輩子也不能消除不安，為什麼呢？

因為你不安的原因跟錢一點關係也沒有，有關係的是「在你心底深處根深蒂固的不安與恐懼」。

人往往會覺得害怕的是沒有錢，但其實我們害怕的，是在自己未來人生裡有可能發生的負面變化。

面對這種瘋狂的狀況，有沒有解決的辦法呢？

解決的辦法之一，就是在你存錢的時候，一面存，一面想像幾個快樂的花錢方法。比方說，「旅行」、「去很棒的餐廳吃飯」、「去按摩」、「到喜歡的土地上去過退休生活」，或是「花在孩子與心愛的人身上」也是可以的。你知道差別在哪裡嗎？

你將充滿感謝、愛、希望與積極的情感挹注在金錢上，使更多的金錢可以流向自己。於是，你會發現金錢是支持自己的喜悅與享受的東西。像這樣，如果能夠開始想像把存下來的錢用在無數的快樂享受上，同一時間你就不會去擔心。人心是很單純的，沒辦法同時處理兩種感情，所以就把注意力永遠導向快樂、積極、充滿希望的事物上吧。

學習心懷感恩，常保真心

很多人會說「想要更多的錢」，但是沒什麼人會說「我錢太多了！」。不過，到目前為止，我認識一個人說過「我有很多錢」，那就是我的導師竹田和平先生！

關於擁有「充足」的金錢這件事，我在與珍娜・布瑞・艾特伍（Janet Bray Attwood）合著的書《提高真心！成功的祕密從「謝謝」開始》（*Maro Up: The Secret to Success Begins with Arigato*）裡面提過。

在竹田先生過世之前，我曾經受教於他，接受過他的恩惠，他是我目前為止的人生中遇過最幸福的人。幾乎世上所有的人，都不認識這位了不起的男性。

打個比方來說，他就像日本的華倫・巴菲特（Warren Buffett），過去經營一家大型的零食製造公司。要說那家公司有哪裡不一樣，那就是在工廠工作的人們，都是一面聽著一首由兒童演唱的叫做〈謝謝〉的歌曲，一面製造專門給嬰兒吃的雞蛋小饅頭餅乾。他認為這些小饅頭之所以成為暢銷食品的理由，就是因為工廠的員工在製造食品的時候，播放這些小孩子們的歌聲所帶來的能量。我之所以能夠以作家的身分活躍，我相信也是因為我經常說著竹田先生的「感謝」哲學，將他「提高真心」的哲學運用在人生與工作上。

究竟什麼是「真心」？

「真心」就是「真心誠意」，帶著純粹的心正直生活的人，可說就是真心度很強的人。「真心」是一種精神狀態，因此很難用言語說明，那是一種無私無欲的狀態，總之也可說是「自我中心」（ego）的相反吧！也許可以說，人的意識深處很接近全人類和宇宙是一個整體的集合意識，所謂「真心」，就是我們對他人或對自己本身的無條件的愛的源頭。

達到「真心」的狀態，就是走向成功的基礎。竹田先生說，理解「真心」的人，可以創造出為自己或身邊所有人帶來利益的情況。也就是說，帶著真心活著，不只會得到別人慎重的對待，還會感覺到來自全宇宙的支持。

根據竹田先生的說法，增加「真心」就會「提高真心」，人生就會發生許多奇蹟。實際上，奇蹟也在竹田先生的人生中發生了，他晚年傾注熱情的「貯德問答講」的學生，也都各自體驗了人生的奇蹟。

我的人生也是一樣，我寫的書陸續成為暢銷書，我也成為第一位獲邀加入世界性的作家團體的日本作家等，發生了一些通常不可能、我覺得很不得了的事。目前你拿在手上的這本書在全世界發行，對我來說也是一個奇蹟。

身為受到晚年的竹田先生薰陶的一分子，如果能將「感謝」與「提高真心」推廣到全世界的話，將是無比幸福的事。

真心的正面能量

常保真心，你就會變成這樣的人。

◎更有魅力，散發出積極向前的能量、吸引更多的人。對你來說重要的人或物將會圍繞著你，應該會發生一連串的的幸福與豐足。

◎對你而言重要的事情，你會產生熱情、提升幹勁，提高你的直覺能力，做出對人生來說最好的選擇。甚至，因為有了非常熱愛的事物，就能夠對刺激的新機會或豐足永遠敞開大門。

◎更懂得對人生表達感謝，因此你會發現自己比過去更常說「謝謝」。而且，你的感謝會傳染，讓身旁的人也充滿了積極向前的能量。結果就是其他人也開始經常表達感謝，人生開始接受更大的富足。

開花爺爺竹田和平

一九三三年，竹田和平在名古屋出生。竹田家在當地經營一家糕餅商店，從小父親就教他怎麼製作糕餅零食，後來他開始經營家業。他進一步推廣自己獨創的事業，在日本首次推出奶油夾心威化餅，獲得了很大的成功。在零食製品界成功之後，他成功投資不動產與股票，成為以「日本巴菲特」聞名的富翁。

竹田先生決定將時間投注在培養有品德的創投經營者，稱呼自己為「開花爺爺」。他透過自己不斷獲得驚人成功的職業生涯，將他的真心哲學教給成千上萬的人，使他們帶著更寬大的心胸，感謝人生中進進出出的金流。

竹田先生相信，掌握幸福與繁榮的關鍵，就在溫柔、寬容與感謝。從神道教的教誨得到啟示的他，研究如何才能為人生招來幸運，發現感覺自己幸福的人，都是永遠對當下很滿足的人。他總是在思考，如何才能使他人豐足。精神上的充實與感謝，就是他的真心哲學的本質。

你的金錢信念體系是如何建立的？

教我金錢哲學的是竹田先生，但我也從我父親身上學到有益、有意義的金錢觀念。父親告訴我，成功的人有成功的理由，不成功的人也有無法成功的理由，只要注意觀察就會知道。成功的人持續成功，然後不斷累積，不成功的人就會不斷遇到一些奇妙的倒霉事件或災難。日文有句話是「誕生在貧窮星之下」，很多人都相信會變窮是命運，但是父親告訴我，還有比這個更重要的因素。

你對工作和金錢的想法，決定了你是否能夠成為有錢人。

如果你對工作或金錢的態度不對的話，人生也會出錯。

你對金錢的計畫充滿了幸福與喜悅，幫助他人、產生成果，那麼你就會變成有錢人。相反的，如果充滿了怒氣、憎恨、討厭的回憶或過度強烈的競爭心理，那麼你的人生也會充滿同樣的東西。

人都會想用某種特定的方法獲取金錢，擁有某種金錢慣性。如果是上班族被解雇了，就會去找其他工作，到不同公司開始上班。為了賺錢，只會想到必須找到新工作去上班。

如果是經營者的話，並不會因為事業失敗了，就變成到其他人手下工作，應該會設法開始新事業、再度挑戰吧。但是，他們或許不會想到投資股市。投資者不會想在其他人底下工作，或是經營公司，會去尋找各種有利的投資標的。

可悲的是，完全不工作或不懂得使用金錢的人，未來也很容易會一直都不去工作或不懂得善用金錢的方法吧。**人們擁有自己的金錢慣性，會按照自己學到的事物，或是得到的知識採取行動。**

我父親說，任何人都應該學習了解自己對金錢的情感。富裕的人想到金錢的事、接觸到金錢就會感覺幸福，這麼做令他們實際感受到喜悅。另一方面，沒有錢的人一想到錢或談到錢，就會傳達不安或感覺恐懼，困惑便由此而生。

重新規劃你的金錢設計圖

我在二十歲的時候，就決定在三十歲之前要經濟獨立，於是便開始尋找幸福與成功的關鍵之鑰。

我曾經聽過一句古老格言：「在二十歲賺來的錢，到了三十歲會全部散去。」樂觀主義的我並不相信，但是有錢人說的話確實對了，我在二十五歲之前不斷增加財產，又失去財產。

不過，我並沒有更拚命賺錢，為了打破過去的模式，我開始思考問題的原因，一定要解決才可以。跟別人用同一種規則戰鬥，是沒有意義的。我發現，解決問題的關鍵，就是知道自己人生的金錢設計圖是怎麼寫的，然後把扯後腿的那個部分重新改寫。

大部分的人都已經過了重新檢視金錢設計圖的時期。我在前文提過，小時候學到的事情會帶給我們很大的影響，但並非不能改變。

與金錢有關的人生設計，必須定期重新檢視，更新到最新的版本。因為受到你的父母影響，恐怕你的金錢設計圖，在你仍是小孩的一九七〇年代、一九八〇年代、一九九〇年代或二〇〇〇年代就已經畫好了。

甚至你父母的金錢人生，很可能也是受到你祖父母很大的影響。如果你的祖父母是在一九三〇年代度過孩提時代的話，他們的金錢設計圖因為遭受大蕭條持續苦難時代衝擊影響，充滿了恐懼與不安，這是無可奈何的事。這個影響經過好幾個世代傳承下來，至今仍繼續默默影響著你。

你的祖父母應該會教你的父母，如果不慎重處理金錢、胡亂揮霍，以後將會遭受嚴重的後果。他們或許還曾經說過，如果不想害怕失去工作，就一毛也別亂花，要好好把錢抓牢。

把金錢當成安心源頭的想法，是大家都找不到工作、人人帶著不安的一九三〇年代的想法。年幼時感受到的不安沒有消失，並且讓孩子們繼續傳承，透過這些孩子又養育出我們。

很多人的金錢設計圖的問題，出在數十年前就已經寫好了，平常暗藏在內心深處，只有感覺不安與恐懼時才會出現。金錢設計圖在你心裡的烙印，在你的人生要做重大決定時就會出現。比方說，結婚或換工作的時候，在你沒有察覺的時候，以不安或恐懼的姿態出現。

然而，金錢設計圖不過是幅假想圖，是可以重新規劃的。什麼都還沒有建造好，鋼筋還沒焊接，水泥地基也還沒打好，對你來說，還有充分的時間可以重新規劃，建立一個建構確實的未來金錢計畫。

找出適合你的金錢器皿大小

當你逐漸了解自己對金錢的情感，對金錢的信念變得更加明確時，也能夠嘗試治癒你過去與金錢的關係，接下來就該好好思考你與金錢的未來了。

在我們的心裡，有幾個隱喻意義的器皿——富足、金錢、幸福、人際關係、工作等各種器皿，每個都像沒有蓋子的瓶子一樣。如果器皿只裝了一半，我們往往會覺得不滿。如果進來的量比器皿還多、滿出來了，我們也只能接受適合自己的分量，目標是擁有像竹田先生那樣的想法：**「我擁有的已經足夠。我感謝自己擁有的一切。不久後，我就可以給別人一些。」**

找出對你而言正確的器皿大小是很重要的。有些人明明擁有的器皿很小，卻硬是把錢抓得死死的，還有些人的器皿已經破掉、有裂痕了。

有幾個方法可以測量自己的金錢器皿大小。例如，你對自己的年收入一千萬日圓覺得不滿，但如果一年想賺一千五百萬日圓會很辛苦，在這種情況下，適合你的正確器皿大小就是一千萬日圓到一千五百萬日圓之間。*

或者，你的年收入是五百萬日圓，但總覺得人生很無趣，那可能就是你明明擁有更大的器皿，卻沒有完全填滿。如果你很幸運，是擁有與生俱來的金錢才能的人，請一定要努力，繼續往更高的目標前進。如果你不是這樣的人，那比較聰明的做法就是，找出你能感覺到最幸福的上限在哪裡。

這就是了解「正確的金錢器皿大小」的意義。如果你一心想裝入超過容量的錢，好一點的情況是器皿破掉，這個過程只是使自己悲慘而已。但大多數的人通常想要更多，而這會讓我們的內心失去平靜。

一直想要更多，你的心就不得休息

與金錢建立健全的關係，能為你帶來深度的安寧。很多人以為，一旦變成有錢人就會得到幸福，就可以解決所有問題與煩惱。

實際上，卻是完全相反。錢賺得愈多，工作規模就會變得愈大，生意也會成長。企業愈大，各種經費與人事費用就越發膨脹，很難用和過去一樣的勞力和成本維持營運，隨著公司成長所產生的問題與精神壓力也會增加。

很多日本人認為，只要每個月的收入有兩百萬日圓，就可以過著輕鬆、富裕的生活了——這個金額或許還太過充分了。然而，收入真的增加之後，自己的心情就會從有餘力購買那些東西，變成想要更大的房子、更好的車子，其他配合生活方式提升的各種開銷也會增加。

而且，你會跟收入水準差不多的人成為朋友，往來的對象會改變。當年在大

＊一千萬日圓約為二六〇萬新台幣，一千五百萬日圓約為三九〇萬新台幣，以一日圓兌〇·二六新台幣計算。

學時代肚子空空曾經很喜歡去定食屋吃飯，就變成對對方失禮而不能去了，會改去更高級的餐廳。

最後，開銷跟著收入增加而增加，每到月底幾乎所剩無幾，最後還是感覺到錢不夠花的精神壓力。

明明有那麼多的收入，錢卻不夠用，誰能夠想像得到呢？

這一點，就算你的月收入變成三百萬日圓也是一樣的，只要你想要的更多。不論你是哪個層級的有錢人，身邊永遠都會有賺得比你多、生活過得比你更寬裕的人。只要你在梯子上繼續往上爬，總有一天你會遇到說這種話的朋友：「這個週末我要帶家人搭私人噴射機去夏威夷。我想在那裡蓋棟別墅。」

你的朋友圈必然會把你的生活水準持續往上抬，因為人本能會去尋找自己的居所，會跟身邊的人愈來愈像。在都市生活的人，都知道走路到車站、擠電車通勤的辛苦。當你有了餘力，就會開始搭計程車上班，純粹是因為在金錢上沒有太大困難了，也會開始去一些更時髦的餐廳吃飯。

結果，薪水明明就比剛開始工作時多了好幾倍，但是到了月底的餘額還是沒變，這是因為你的開銷增加了！

也就是說，不是你每個月的薪水有三百萬日圓，就能保證經濟自由，因為你的「玩具」也愈變愈貴了。

「人生有高低起伏」，切莫忘記這項忠告。順風順水的時候，往往很容易忘記，你的收入有時也會有減少的時候。很多成功時日尚淺的人，往往都會想得太樂觀，就算風向改變了，也不大能夠及時適應。

事實上，就算收入或資產增加得再多，也沒有能夠完全放手悠閒的時間。即使在銀行擁有某個程度的存款，也會有必須改變事業方向、訴訟、員工糾紛或稅金等經常必須因應的問題，總是堆積如山向你襲來。

當「想要更多」的循環形成了之後，人往往很容易迷失自己，忘記人生中最重要的究竟是什麼了。特別是事業或工作順利的話，大多數的人都會沉迷在那樣的刺激當中，感覺變成像在玩遊戲，就像新的關卡或成就解鎖後，自己的人生價值也隨之提高的錯覺。

然後，就連非常簡單的跟家人一起度過，或是把用在興趣嗜好上的時間都犧牲掉拿去工作。

這樣，你是否已經理解，在那個「一直想要更多」的遊戲中，並不存在著勝利與滿足感？

你想要的未來是什麼樣子？

你現在已經知道，你可以建立自己的金錢計畫，因為思考方式或信念、行動都是可以改變的。你有必要跟過去做個了斷，原諒、感謝……用這些方式治療你在金錢上受到的傷害，這點將在下一章說明。

你很快就會明白自己想跟金錢建立什麼樣的關係了，或是進一步理解什麼樣的關係對你來說是最舒服的，開啟新的財富人生。

我曾經指導過數萬人這些事，也實際看到這些人在金錢方面的改變。無論過去如何，你跟金錢的關係都可以變好，只要照著正確的順序去做，任何人都可以辦到。

如果可以選擇自己的未來，你希望自己的未來是什麼樣子？

這不是要你突然勉強自己徹底改變，有債務的人，只要想像沒有債務的人生就夠了。請你想像一下那就是你的未來吧。

我看過一些人真的得到了他們想要的未來。例如，有一位客戶從父親手上繼承了經營狀況惡劣透頂的公司，他大可像大多數的人恐怕都會採取的方式放棄繼承，資產跟負債都不繼承，但是他卻不想失去父親遺留下來的東西。

他花了數年的時間，無論再怎樣拚命工作，情況都沒有好轉，逐漸失去希望。這個時候，他參加了我的講習，他發現自己一直都有「再怎麼拚命努力工作，都沒有辦法獲得充足金錢」的錯誤認定，甚至發現擁有這個觀念的，並不只有他一個人，那也是他父親的觀念。

難怪他父親的事業在財務上會那麼糟糕，而他也一味認為自己做什麼都不會成功。他領悟到，這個悲觀、消極的成見，不但對父親沒有幫助，對自己也一樣沒有任何幫助。他不需要犯和父親同樣的錯誤，他決定改變自己的思考方式和金錢計畫、金錢器皿，變成吸引金錢的磁鐵。我給了他建議。

我說，想一下你扛著的債務金額，把數字說出來。借款是三億日圓。我告訴他，感覺一下這個數字擁有的影響力，然後加上一個負號。「－三億日圓」，他一面笑著一面想像。接著，我說了這段話。

「你有沒有發現，只花了兩秒鐘，你就變成億萬富翁了？你父親並不是留下債務，他是為了讓你學會賺錢的力量，才留下一個負數公司給你的。」

他當場下定決心，要在五年內還清借款。

之後，他的經濟狀況有了飛躍性的改善，所有的債務都還完了！

他後來甚至並未停下賺錢的腳步，幾年後就變成了億萬富翁。如果說，這個平凡的男子都能在數年內讓自己的命運好轉，你同樣也可以改變你的人生。**就算一天不可能，但是當你改變眼前的焦點，持續往正確的方向走去的話，只要幾年的時間，就能夠創造理想的人生。**

想要提升金錢EQ，希望你能夠記得的五項原則

①抱著懷疑的精神理解所謂理所當然的事情

很多人都相信，「只要成功，不安和疑慮就會消失。」然而，當你以為某一個領域的不安或疑慮消失時，又會產生新的不安或疑慮。每天都能積極、快樂地面對所有的事物當然很棒，但事實上幾乎每天都會有各種不同的擔心。

與其被浮上心頭的疑慮淹沒，如果了解它就是會自然發生，就能夠做好因應的準備。不然的話，當心中存在擔憂或疑慮，就會認為是不是自己做錯了什麼。

即便產生這樣的情緒，為了能夠冷靜處理，必須理解即使有懷疑出現，也是很自然的事情。不安或疑慮並不一定不好，倒不如說，這表示我們正在培養新的可能性的路途中。

②記得擔心也有好的一面

為了提升金錢ＥＱ，希望你能夠記得的第二項原則就是「以正面意義練習感覺不安」。我們本能上會想要逃離負面情感，但就像前文提及的，不安可能是經常湧現的情緒。為了逃離這種情感，我們就必須把所有情感都阻絕在外，這樣不就什麼都感覺不到了，等於是捨棄感受喜悅或好奇心的能力。

喜悅與不安是同時存在的。逃避了恐懼，人生中就連好奇心都不會再有。

③相信未來的願景

第三項原則就是「永遠相信會有更好的未來」。無論人生或事業，雖然心頭總會浮現不安或疑慮，但是這種時候才更是要相信未來的關鍵時刻。

光靠自己無法打從心底相信會有更好的未來時，導師或朋友的幫助就變得很重要了。能夠得到支持自己的人的信賴，你就更能夠相信未來了。

人生充滿了美好的機會，由衷相信你的人生與各種可能性，將是實現人生的基礎。我們的意識狀態會創造出現實，你相信會有更好的未來，就能帶給懷著不安的人們希望。真心信賴未來的願景，就是在幫助其他更多的人。

人在冷靜沉著時，可以輕易分享自己的能力給他人。當你對自己抱持疑慮，對金錢或未來懷著擔憂的時候，是否也能同樣辦得到，這才是最重要的關鍵。

④克服對金錢的情感，大方與人分享經驗

第四項原則就是「無論何時都要分享」。感覺到各種負面情感的時候，我們的意識狀態才真正面臨考驗。

即使自己覺得有疑問，也要藉由幫助他人、與人分享，來對抗負面情感。這不是一件容易的事，當你感覺實行起來實在有困難的時候，就思考對別人有幫助的計畫吧。擬定計畫，每天都把這件事放在心裡，有一天就會影響行為或結果。做對別人有幫助的事，也是相信自己本身的能力與未來的證明。

⑤接受他人的支持與愛

最後，第五項原則就是「打從心底接受他人的愛與支持」。在體驗負面情感的時候，也許你會感覺光靠自己的力量要度過難關，幾乎是不可能的任務。透過身旁的人給你的愛與支持，一開始讓你覺得很嚴重的問題，就會縮小到總有辦法解決的程度，變得更好整理、因應了。前文提過，藉由向朋友或導師求助，就能夠相信會有更好的未來。

我們往往會覺得，如果沒有為別人做什麼，就不能接受那個人的幫助。這就是一個開始，能夠接受幫助，就是為了往正確方向前進強而有力的一步。

當我們能夠無條件接受他人的幫助之後，就能理解自己也有能力與人分享、幫助別人。我們身旁親友的愛和幫助，擁有能夠減緩那些會消耗我們、讓我們無力的不安的能力。

第3章

金錢與你的人生：你在用錢，還是被錢所用？

happy money

金錢與人生的關係

「錢有兩張臉，就跟硬幣有正反面一樣。一張是上帝的臉，另一張是惡魔的臉。」

我小時候某天在吃晚飯時，表情可怕的父親曾經這麼對我說。

父親如果心情好的時候，會在飯桌上跟我們談一些生意、金錢、政治，以及世界動態等的話題。但是，那天的話題，總覺得跟平常的感覺不同。不知道是不是因為他講話的語氣，讓我有種聽到小孩子不能聽的話題的恐怖感，背脊感到一股涼意。

我一看電視，父親嘴裡就一定會說著這句話：「錢啊，擁有讓人瘋狂的力量，不能不小心啊。」

確實，我們看到很多電視劇的劇情都有演，會覺得金錢擁有誘人走上罪惡之路的魔力，大多數的犯罪也是因為錢而發生的。

認真的人卻沉迷於賭博，不知不覺就變得債務纏身，這樣的故事你應該聽過吧？利用職務之便盜領、收賄、詐欺……有時還發展成暴力事件或殺人事件。

不過就是為了錢，為什麼會變成這樣呢？

就如我父親說的，金錢擁有一種危險的力量，可以將普通人俘虜之後拖進一個瘋狂世界。

犯罪嫌疑人的鄰居或朋友，總是這樣回答新聞節目記者的訪問：「如果他沒有因為錢而失去理性，我一直認為他是個沉穩的好人。」

縱使沒有犯罪，每個人也一樣不免都會受到金錢壓力的影響，每個人都有可能因為金錢而活得不像自己。

最常見的例子就是，為了還清貸款，勉為其難一直做著自己不想做的工作，或是對客戶或上司說著言不由衷的恭維之詞。在決定生活方式時，如果不能認識自己受到金錢多少的影響、如何被金錢限制的話，就無法從金錢的支配下逃脫。

想要有效逃離金錢的掌控，就必須對自己是以什麼樣的姿態與金錢交往有自覺。**你可以決定自己要從這兩者中採取哪種立場——「充分利用金錢的功能」，或是「被金錢奴役」**。

為什麼人會被金錢控制？——面對過去

我女兒在上幼兒園的時候，我每週有幾次會到女兒班上當志工爸爸。照顧孩子、守護孩子們的成長，是很快樂的事。

就在某年聖誕節即將來臨的一日午後，我和一個小男孩談起了聖誕禮物的話題。

「你得到什麼禮物？」我問。

那個孩子這麼回答我：「什麼都沒有。」

我做夢也沒想到會是這樣的答案。這孩子今年被聖誕老公公列在壞孩子的名單上嗎？說不定他不相信紅鼻子麋鹿或聖誕老公公身邊幫忙的小精靈的故事……。

因為我很在意，於是就問了：「為什麼？」

「因為我們家很窮呀！」

很窮？

這個六歲的小男孩，年紀小小就理解社會或經濟問題的可能性，究竟有多少？這麼想著，我便問他懂不懂「貧窮」是什麼意思？他其實不大懂。

「那這句話，你是從哪裡學來的？」

小男孩說是媽媽說的。

他媽媽告訴他：「我們家很窮，所以聖誕老公公不會來。」

我們總是不知不覺就受到父母引導而相信「我們沒有錢」，父母說：「錢永遠都不夠用呀！本來就是這樣。」

大概從六、七歲開始，很多人就在心裡留下跟金錢有關的陰影。從那時起，父母說出的一些不平不滿的言論，開始會聽進你的耳裡，你可能開始跟班上同學比較起家裡房子的大小、穿的衣服、父母開的車子等，開始理解父母的經濟狀況。

如果同學或朋友擁有的比自己的多，或許你就會覺得失望。

到了十歲的時候，已經能夠理解自己的父母在社會上的地位，開始「面對現實」。如果有更多錢，就能買更好的東西，就能得到更多認同，就會變成更受歡迎的人，自己喜歡的人或許也會注意自己……。

到了十五歲，除了不關心金錢型的人，大多數的人都會開始思考錢的事情。要是能夠得到多一點的錢，大概都會願意做一些事，像是幫忙做家事等來提高零用錢，或者開始在外面打工。

還有，有了喜歡的人，可能會想要展開禮物攻勢，或是用時髦的服飾打扮來吸引對方，金錢就不再是單純的數字，而是成為可能影響人際關係或男女關係的重要工具。

到了成為某個年紀的成年人之後，有了男女朋友，兩人之間往往會經歷經濟上、社會上的隔閡。很多時候，會想要約對方到某個很棒的地方約會，卻可能感受到金錢上的壓力。若是帶對方到不相稱的餐廳，或是送了廉價的禮物讓對方不開心，應該沒人會想要做這種明顯呈現彼此有多不適合的事情吧。

更有錢，就會有更美好的人生？

以前曾經有位年輕女性，跑來向我抱怨她對當時男友的不滿：「我以為可以收到更貴一點的禮物，他卻只會送我便宜的禮物……他應該不是我命中注定的對象。在物質上和精神上都看重我的，才是適合我的對象。」

就像這個內心不滿的女性一樣，很多人都被灌輸了「更有錢，就會過著更有愛、更美好的人生」這種觀念。所以，我們用功讀書進了好的大學，找到很好的工作，一定要盡量賺更多錢……從小時候就被教導要相信這樣的事。

然而，很多人卻無法察覺，拚死拚活以往上爬為目標，就算死前爬上了那道階梯，實際到手的卻非常少。

拚命攀爬階梯的我們，到了三、四十歲之後，才終於開始發現自己弄錯了什麼。可是到了那個時候，怎麼也繳不完的房貸、車貸，還有信用卡帳款等，各種生活上的束縛已經把很多人綁得動彈不得。

終於，小孩子也都到了上大學的年紀了，每一個都說想上好一點的大學，於是父母就更加被金錢綁死了。然後在不知不覺間，對原本嚮往的兩週休假，開始變得比「期待」更多的是「花錢不安」。

在內心深處，即使感覺「好像哪裡不對勁」，也因為總是太忙了，根本沒有餘裕好好思考究竟是哪裡出了問題。

每個人都會受到過去影響，了解你目前身處何地

誠如我說過的，在大部分人擁有的記憶裡，跟金錢有關的兒時回憶中，都有「快樂的回憶」與「痛苦的回憶」兩種。

我的客戶，一位七十歲的男性，像孩子般一面哭，一面對我訴說他小時候跟母親與金錢的回憶。他小時候生活很困苦，每天都要愁著沒飯吃，生日要母親買玩具送他，簡直是做夢不可能。現在，他已經成功、變得有錢了，但是再怎麼有錢也無法滿足，無論想到任何事情，恐懼都如影隨形。

比方說，他會做夢，夢到一夜之間失去所有，簡直苦不堪言。小時的記憶至今依然鮮明，變成他的創傷，一直困擾著他。

然而，並不是只有他才這樣。

在金錢上有過痛苦經驗、傷痕累累的人，世上比比皆是。在跟金錢問題有關的影集劇情中，若是涉及心愛的家人時，特別令人難過。

如果你不希望跟錢有關的大小事情讓你心煩，就要回顧過去與金錢的關係。

請你想想看，小時候是否有過什麼心靈創傷？

◎你害怕什麼？

◎你的金錢狀況差不多是如何，為什麼會支配你呢？

◎你被灌輸了什麼樣的觀念，一直相信到現在呢？

回首過往，或許是很難過、很痛苦的事，但是根本的原因——也就是現在的你與金錢的關係，或是關於金錢你在無意識間深信的那些事，請去理解它們產生的原因。

理解它們如何支配你的人生，若能治癒，你的心就會變得比較輕鬆一點，你就能夠活得更幸福、自在一些。

雖然這是很痛苦的事，但是認識「你目前的所在地」，將是你從目前所處的地點成功邁向你想去的地方的必要步驟。

調查「你的金錢歷史」，你就會知道自己「如何看待金錢」，「到目前為止，與金錢建構了什麼樣的關係。」**雖然我們大多不願意承認，但是我們至今接受的關於金錢的想法，幾乎都是受到父母或祖父母的影響而來。**這些想法全部交織在一起，建構出你對金錢的基本藍圖。

回顧自己成長至今的金錢歷史，了解你自己這個人是如何形成的，就可以重畫這張藍圖，去到你想去的地方。

人很容易受到自己對金錢的情感擺布

想到錢的事情時，自然會有許多情感湧現。在某個狀況下明明抱著負面的情感，但是在另外一個狀況下，卻懷著深深的感謝或有興奮、雀躍的感覺，有時會帶著這樣截然不同的情緒。

這樣的情感大多是在自己沒有意識的情況下產生的，通常我們並不會刻意花時間調查「自己平常感覺到的，是什麼樣的情感」。

為了把這類情感下意識封閉起來，避免在日常生活中引發負面情緒，很多人就會限制自己的行為。於是，在不知不覺中，因為金錢導致的不安或擔憂，就在你的人生中投下了陰影。

舉個常見的例子，或許你正好就是如此。不管是到海外留學或是獨立出去、學習新事物等，有些事情你其實想悄悄地做，但是由於你對錢的事感到不安，於是有各種猶豫，最後你選擇什麼都沒做。

類似的錢事，卻可能以完全不同的形式呈現。或許，你選擇繼續做並不適合現在的你的工作，在自己也沒有察覺到的情況下，你其實壓抑了對此極度憤怒的心情。內心存有這種憤怒的人，可能會對突然要支付開銷感到煩躁，因為完全不相關的事情遷怒另一半、戀人或家人等重要的人身上。

像這類情事，不過就是「我們很容易受到自己對金錢的情感擺布」的例子罷了。

我擁有多年經營管理顧問、作家、演講者、金錢諮商師的生涯經驗，看過很多例子，知道遇到跟錢有關的事情時，人們容易有什麼樣的情感。

就像那位對我哭訴母親沒能買玩具給自己的富裕老人一樣，我有很多客戶在講到自己小時候跟金錢有關的回憶時，都會流下兩行清淚。

當然，也有不少人會表現出完全不同的情感，心胸狹窄、目光短淺，一下子就細數內心的不平不滿，一點點小事見人就抱怨。

那可能也是因為他們內心對自己目前的生活狀況感覺並不平穩，被逼得如此。與金錢有關的情感，有時會隱藏在內心深處，平常觸碰不到的地方。

檢視你對金錢的情感

來看看你的狀態吧。想到錢的時候，你最常感覺到的是哪一種情感呢？

接下來，我會列出十種最常見的情緒反應，請你自我檢查看看，在日常生活中你是抱著什麼樣的情感吧。如果能夠明白你對金錢懷有什麼樣的情感的話，因為金錢感覺到的精神壓力，可能就會減少許多。

人對自己不明白的事情，便無計可施。只要好好觀察自己，就可以將自己的情感與金錢、工作的關係，變成自己滿意的狀態。

正視問題，應該就可以拋開「錢是讓自己不好過的東西」這種想法，開始覺得「錢是為我們每天的生活帶來美好事物的一種很棒工具」。

我選出了我到目前為止最常看到的十種情感，應該還有許多種情緒反應，就請你把這十種當成代表吧。

也請你務必記得一點，並沒有所謂「正確的」情感。請注意它對你的人生或幸福，帶來的是正面或負面的影響。

①不安與恐懼

人在花錢的時候，多少會感覺到不安。在拿出現金或信用卡要付款時，很容易會擔心自己是否做了正確的選擇。

另一種經常會有的擔心，就是「要是現在手頭上沒錢了，該怎麼辦？」甚至還想到突然失業的話，會不會就一輩子都變成流浪漢了？類似這樣的感覺，讓有些人就連在拿到薪水的時候，也只會感覺到恐懼。

「這個星期，如果不能讓孩子們吃飽的話，該怎麼辦呀？」

對金錢的恐懼與不安，威脅著大多數人的日常生活。為此，數不清的人們勉為其難繼續工作，暫居在破舊的房子裡，對那些壞心眼的鄰居或糟糕的人際關係也只能一味忍耐。

你身旁的人應該也經常這樣說吧。

「為什麼要一直這樣呢？」

「為什麼要那麼忍耐呢？」

一言蔽之，就是因為「恐懼」。

對不懂的事物的恐懼。如果自己改變了，對可能隨著改變發生的事情感到恐懼。或是，對主動採取行動的積極或動機感到恐懼。因此，經常聽到大家把這樣的藉口掛在嘴上：

「不是啦，我也很想做。但是，沒有錢，就無法行動啊。」

於是，就一成不變，安於現狀。

在此，且讓我說一句重要的話。

如果你對目前的生活及未來懷有什麼恐懼的話，那些恐懼與金錢並沒有「直接」關係。這件事，請你千萬不要忘記。

與金錢有關的恐懼，其實是你下意識對其他事情懷抱的恐懼。

你並不是恐懼沒有充足金錢讓你生活，你害怕的是失敗。

你或許害怕被父母或心愛的人、在你身旁很親近的人認為你是「沒用的人」。因此，「並不富裕」或「自己不適合」、「完全不夠」這樣的恐懼，有時會如實反映在你與金錢的關係上。

你可能是這麼想的：「如果能夠更有錢一點，他就會愛我了。」「如果可以賺更多錢，同事或朋友就會對我另眼相看了。」

因此，就會變得拚命想要更多更多的錢，結果就是對金錢的不安愈來愈嚴重。想要打破這個惡性循環，如果你不面對存在內心的恐懼或自己思考方式的限制，就算再怎麼努力想要解決金錢的問題也沒有意義，因為你將真正的問題棄之不顧了。

②憤怒與恨

要找到對金錢懷有憤怒與恨意的人並不難。當對方沒有按照約定付款時，我們可能就會開始焦急起來，甚至對對方感到憤怒。當錢不夠的時候，往往會霎時感到迷惘。要是不經意發現誰比自己有錢、賺得比自己多的話，很容易就會瞬間感覺自己中了人生失敗組。

一廂情願認為「錢的問題就是原因所在」時，很容易就會生氣。

甚至因為這樣的情感，造成了許多犯罪發生，這是為什麼？

簡單來說，這是因為「金錢與生存本身有密不可分的關係」。

除了地球偏遠角落過著原始生活的部落之外，現在要得到食物、衣服、住處，要接受醫療資源等，需要的都是錢。

「沒有錢的話，我們就活不下去了」，很多人擔心的是這個。

是的，你能夠切身感受到，沒錢是非常危險的事。

因為如此，認為自己理應得到、賺到的，如果沒有得到的話，又或者覺得被趁虛而入、被騙的話，就會感受到危險。我這麼說聽起來或許有點誇大，但是人會下意識連結到「生命有危險」。

感受到危險，我們的大腦會有什麼樣的反應呢？拜大腦的扁桃體所賜，在面臨這種有生命危險的狀況時，我們會產生「戰或逃」的本能反應，不是跟他拚了就是快點逃走，這一瞬間的本能反應幫助你倖存下去。

面對危險狀況，有的人會趕緊逃走，也有很多人會選擇戰鬥。

關於錢的事，那可能就是你的憤怒爆發，一股熱血衝上腦門。

「不公平！把我的錢拿來！現在，立刻，馬上！」

但是在現實中，幾乎沒有人會因為沒錢，就面臨立刻沒命的危險，因為既不是在森林中被熊追著跑，也不是在水裡被鯊魚攻擊。如果因為錢而恐慌，產生類似的感覺才是問題所在。

面對錢事，我們會有這種「戰或逃」的潛在反應，會為了生存產生本能的情緒反應，是因為不知道還有更好的方法可以控制自己的情緒。

想要過得幸福一點，最重要的是要認識到「在現代社會，沒有必要一直戰鬥」，因此沒必要一直生氣或怨恨。這樣的情緒反應，是可以控制的。

③悲傷與後悔

回頭看看小時候，遙想當初的夢，再看看目前的生活，實在很難說是當初描繪的未來，因此感覺失望或悲傷也是當然的。應該沒人不曾有過這樣的心情吧。

夢想沒有實現，有時真的很令人難受。令我們難過的，並不只有自己的希望或夢想落空，還有明明想為孩子和家人做更多事，卻因為手頭上的錢太少而做不到，因此產生自責的心情。

然後，當我們將眼光放向世界，充滿貪汙舞弊、戰爭、死亡、沒有道理的憎恨等悲劇，很多人認為「這些都是錢害的」。

遭受不當的對待、痛苦、災難，或今生令你心如刀割生離死別的哀痛，如果就這麼放著不管，不只是心靈，連身體都會被逐漸侵蝕。

④憎恨與絕望

如果遭到背叛或欺騙，無論對方是誰都會很生氣吧。然後你對那些害你遭遇到這些事的人，可能就會心懷厭惡或憎恨。之後，如果情況沒有改變，就會內化這樣的憎惡，轉到自己身上，憎恨很容易就會變成期望落空或絕望。

我相信大家都看過或聽過那種牽扯不清、離婚戲碼愈演愈誇張的夫婦。總是受到很過分的對待，另一半完全把家事都推給你，遭到背叛當然會很生氣。暴露在危險之中，或是被人傷害，因為這樣的事感覺到的憤怒，會以某種形式轉變成憎恨。

有的人對那些讓自己感覺不愉快的人心懷憎恨，但也有人把這種憎恨轉向自己，變成絕望或沮喪，為自己無法改變現狀的無力感所苦。

離婚、解雇、減薪、收入減少、失去房子等的不安，這樣的事情無論是哪一種，都會引起剛才所說的那些反應。還記得我在前文提過，有位男子來找我父親借錢的故事嗎？他就是因為絕望，充滿了自我厭惡與憎恨，最後自己與家人一起結束生命。凶狠的犯罪、自殺、憂鬱症、無法救贖的絕望，任何一種都是由於我們把憤怒朝向自己或他人所引起的。

⑤優越感與自卑感

衝動性購買最重要的情感因素就是「優越感」與「自卑感」。你是否曾經有過因為被店員看扁，或是因為不想被認為品味很差而買下什麼東西？

你是否曾經為了讓朋友或情人覺得你很厲害，勉強自己買下遠遠超過預算的高價禮物？

老實承認吧！我們每個人應該都有過不想被認為是「小氣鬼」、「寒酸」而買下什麼東西的經驗，又或是應該有過曾經因為要讓自己看起來比別人強而買下什麼東西的經驗吧。

世上到處都有名牌商品，有些可以理性判斷的人，卻為了想用高價名牌商品炫耀自己而投下大筆金錢！

我們經常以為，可以為了某樣東西花下大筆金錢是值得驕傲的事。擁有超過十間房子，一家四口卻住著配備五個車位的豪宅，這真的有必要嗎？為什麼要把錢花在對生存來說完全沒必要的東西上呢？

那是因為這樣就不會有自卑感，或是因為想要感覺比身旁的人更優越所致（但是其中一部分的人，可能是因為對藝術擁有良好的品味所致。）

位於中上階級的人們，為了使自己看起來或感覺起來比實際上的自己富裕，拚命到處蒐購高價名牌商品。

他們不想在比自己富裕的朋友面前有自卑感。或者，雖然同屬中產階級，卻不想要什麼都跟別人一樣。對於比自己屈居下位的人，至少想要有點優越感。

如果是把名牌商品當成興趣來享受，或是當成藝術品來鑑賞是可以的。

但是，真正有錢的人，卻不會覺得「什麼東西都一定要買名牌來充面子」，因為他們不需要這些名牌來彰顯自己。

世上屈指可數的大富豪巴菲特，至今仍住在他一九五八年與妻子以三萬一千多美元買下的房子，這棟房子目前的價值不過是他資產總額的〇・〇〇一％而已。

很多人都住在遠遠超過自己所得水準的房子裡，因為比起為了過著幸福而滿足的生活真正需要的東西，他們更在意的是別人怎麼看自己。巴菲特為什麼並沒有搬到他可以輕鬆購入的更豪奢住宅裡，至今仍然住在那棟樸實的房子裡呢？

當BBC新聞訪問他的時候，他是這麼說的：「因為住在現在的房子比較幸福呀。」

他活在當下這個瞬間，並沒有對未來感覺不安，也沒有對過去心懷憤怒。因為他沒有被時間或匱乏的幻影困住，所以他很幸福。

⑥罪惡感與羞恥心

富裕的人們經常為看不見的罪惡感所苦，從家人那裡繼承了巨額遺產時，特別會有這樣的感覺。或許不是對特定的人有罪惡感，但總會覺得有種平靜不下來的感覺。對於自己很富有這件事感到很羞愧，為了別人對富有的自己抱持的過度期待感到痛苦，就這樣度過一生。

這世上有很多人認真工作，卻只能賺取些微的金錢，看到聽到這些事實，更加重他們的罪惡感。無法妥善處理這些情感的人，為了逃避這樣的情感，對藥物或酒精上癮的可能性就變高了。

如果富有的人擁有太多金錢感覺到的是「罪惡感」的話，那麼為經濟所苦的人所懷抱的情感就是「羞恥心」。常有人在小時候因為金錢不夠而感到羞恥，應該也有因為經濟上的理由無法買其他孩子都有的東西，而感覺「自己好像有什麼問題」的經驗吧。

如果這樣的感覺一直都沒有消失，為了不要變成窮人，很可能會過度投入工作。這與收入無關，因為生存的喜悅——這種任何人都當然要感覺到的喜悅，也因而被剝奪了。

⑦什麼都感覺不到——無感

其實，這也是誰都會有的體驗。每天顯露出各種情緒，也會使人覺得很累。感覺到某種情緒的時候，雖然需要採取某種必要的行動，但是做得到的人卻是少數。所以大家都盡量沉迷在食物、購物、酒精、藥物、電視、網路，避免去感受到什麼情緒。

總之，可以說我們是自己選擇了「什麼也不去感受」吧。

其中特別多人選擇避免產生任何感受的，就是跟金錢有關的事。因為不想被金錢擺布，於是扼殺了真正的情感，而這樣的情感既有不安，卻也有由衷的喜悅。

以前某個電視節目曾經做過一個實驗，準備了許多種商品、架好攝影機，把消費者購物時的表情錄下來。結果，商品價格愈高，購物的客人表情就愈是乏味。他們或許是企圖掩飾購物時真正感受到的喜悅或驕傲的心情，也有可能購買高價品讓他們覺得不好意思或尷尬，或是為了避免引來注目或嫉妒。

⑧雀躍期待與喜悅

小孩子比大人更能夠自由表現雀躍期待或喜悅的感覺。找時間去附近的公園吧，看看跑來跑去玩遊戲的孩子們。只要有人做了很酷或很厲害的事，他們就會拍手或蹦蹦跳跳，像是自己的事一樣開心。是自己的事也好，是其他小孩子的事也好，他們都自在笑著，完全沒有自我意識或不安的感覺。在那裡只是因為很開心，他們也完全理解這一點。

大人有時也會跟孩子一樣，擁有十分雀躍的感覺。但是，在極為普通的日常生活中，因為興奮期待所以跳起來、拍手或跳起舞來，這樣的事有失體面所以不可以。允許誇張表現喜悅的，大概也只有在自己喜歡的球隊獲勝的時候吧。

這種自我約束，若是與金錢有關，就更是如此。聽到自己升官或加薪時，高興得跳起來、歡喜得拍手，這樣的公司職員你能想像嗎？

喜悅或快樂是金錢帶來的正面心情，但是我們卻一直被教導要盡量避免表現出這樣的心情。

最近，因為錢的事情讓你非常雀躍期待，是什麼時候呢？

要是我說「開開心心地領錢、花錢的話，就會有更多錢匯集到你的人生喔！」你會怎麼想呢？對很多人來說，這應該是令人難以理解的想法吧？因為我們從小就被反覆告知「金錢買不到幸福」。

確實，金錢買不到幸福。幸福是從心裡油然而生的東西，活在當下這個瞬間就是一種幸福，這誰都知道。但是，金錢可以為你帶來喜悅或感謝的心情，無疑地也會使你有「幸福」的感覺。

⑨感謝與愛

從朋友或家人手中拿到禮物時，會產生感謝與愛的感覺是很自然的事吧。正因如此，有時也會感覺跟金錢有關的能量就是愛。所以，很多人會想用錢表達愛，買禮物就有這種含義，希望「藉由贈送禮物，多少降低一點對方的精神壓力或不安」，如果能讓對方感到快樂，應該也會得到對方的回禮。

為對方做了什麼之後，從對方那裡得到金錢或禮物的話，就會進一步強化自己獲得好評價或自己有幫到忙的感覺。

在工作場合，如果客戶對你的工作表現滿意，對你說願意支付更多錢的話，會讓收取金錢的你感到幸福，也會讓支付金錢的人感到幸福。

他們對為自己帶來喜悅、幸福或平安的「東西」——更正確來說，是對帶來這些東西的「人」支付金錢。即使禮物或金額只有一點點，只要裡面充滿了愛或感謝、喜悅的話，接受的一方也能夠感覺得到對方的心意。

把錢花在某種東西上，也可說是一種愛的形式。英國的民謠搖滾樂團「蒙福之子」（Mumford & Sons）的歌曲，就有一句這樣的歌詞：「你奉獻愛，就是奉獻你的人生。」

你奉獻出愛，對自己重視的東西花錢的時候，就是將這個充滿愛的能量，奉獻給自己或他人。

⑩ 幸福

拿到意外獎金或現金收入時，誰都會覺得幸福。那或許是父母給你的贈與，或是以退稅的形式來到你的手上。

你認為我這裡所說的「幸福」是什麼呢？

就是「因為暫時擁有充足的金錢，不會對未來感到不安，也不會對過去懷抱憤怒，能夠存在於此時此刻」，若能如此，大家應該都會放寬心鬆一口氣。但是，當然也可能同時會想「如果還有更多錢，就可以有更多更寬廣的選擇了。」

如果我說「即使沒有錢進來，也能夠感覺幸福」，你怎麼想呢？

看看你現在擁有的，你能夠說出「已經夠了」嗎？

如果你能感覺「自己擁有的已經足夠」，應該就能夠感覺幸福。

這種幸福感，是從你的內在產生的，而且是在錢入手之前。如果你也想感覺幸福的話，只要一股勁兒想想幸福、充滿感情的事吧，請你去感受「我現在已經擁有十二分充足的金錢了。」

這麼做的話，吸引力法則，當需要更多錢的時候，就會有錢從某個地方來。

你可能也被困住了？與金錢有關的負面想法

「錢不會一直留在身邊。」

我有一位客戶對此深信不疑，就算她賺了再多的錢，也無法把錢一直留在手裡。她自己所想的，就這樣變成現實。

日常生活中，我們的許多行為反映出自己相信的事。大多數的人，都沒有發現自己長期無意識中一直深信的負面觀念。

關於金錢，我們一直都有世代相傳的觀念——正面、負面的，兩者皆有。其中特別是負面觀念，有必要好好檢討一番，因為這樣的觀念會帶給我們的人生很大的影響，你可能不知道。

搞不好你就像我的客戶一樣，會不由得喊出聲來：「這個！這完全就是我相信的事！」

有哪些影響人生的負面觀念呢？我們就來看一下。

◎金錢是萬惡之源

許多人對金錢抱持著負面的看法，至少他們認為在處理金錢的時候必須慎重處理。金錢無疑是一種壞東西，他們害怕的是，如果不小心謹慎處理的話，會遭遇可怕的後果。

若是有這樣的想法，會覺得「有錢不是好事」也是理所當然的，就會過著盡量遠離金錢的生活。

◎金錢轉瞬就會消失

最需要錢的時候卻沒有，不知不覺就消失不見了。以為會來到你的生活裡，卻一下子不知道跑到哪裡，消失得無影無蹤了！

在日本，過去曾把錢稱為「腳」，因為錢會從身邊很快跑走。恐怕不論任何人對這樣的想法，多少都會有點共鳴吧。

◎錢會傷人

這也是常有的想法，但是錢並沒有如字面上所說的那種傷害人的能力，這個觀念應該是從「金錢會給我們帶來痛苦」的想法而來的。

金錢有時會傷害我們的自尊心，讓你想起過去跟金錢有關的痛苦經驗。有時人也會拿錢來當武器，用錢讓對方啞口無言，或是用錢買下可以戳中對方痛處的東西。或許你也認為如果用錢來攻擊對方，對方就會被傷害吧？

◎錢很可怕

如果認為「錢可以辦得到任何事」，錢就會看起來比實際上還大。就經驗上來說，我們都知道用錢有可能傷害某個人，所以我們會對金錢感覺畏懼。如果你小時候曾經看過父母為了錢吵架，或是誰在那裡怒吼、生氣的這種場面，應該就會有「金錢是可怕的東西」這樣的認知吧。不過，如你所知，金錢本身並不可怕，而是人們在與金錢的往來之中，容易發生讓你覺得可怕的事。

◎金錢是問題所在

如果對錢有討厭的回憶，或許就會認為錢會引發很多問題。但是，引起問題的並不是金錢，而是我們人。諸如打破承諾或契約，因為有了欲望而吝惜拿出錢來，或是該付的錢沒有付，別有意圖使用金錢才會造成問題。

所以，絕對不是金錢本身有問題。

◎金錢會招來嫉妒

我們大概都畏懼引來負面關注，若是被周遭的人知道自己有很多錢，應該就會招來嫉妒吧。

基於不想被人嫉妒，有些人會對擁有很多錢產生猶豫。

如果你並不嫉妒有錢人，那麼即便你有錢，應該也不會感覺被嫉妒吧。

說不定你已經擁有?!與金錢有關的正面想法

接下來，就來看看跟金錢有關的正面想法吧。

◎金錢可以幫助別人

不用說，金錢可以幫助人，所以我們才能生活下去。借助金錢的力量，我們可以學習新的東西，獲得安全及生存上需要的所有事物。

◎金錢使人幸福

如同前文所述，金錢可以引發正面的情感。就算手上真的只有一點點錢，也可以對金錢擁有幸福的感覺。藉由接受或給予幸福的能量，金錢可以讓對方有很美好的心情。只要小小一張明信片，就可以給某人帶來幸福不是嗎？

◎金錢可以提供你實現夢想的力量

這也是正面思考，人總有各式各樣的夢想，只要有錢的話，就能準備落實夢想。要實現夢想，有時可能需要一筆相當於去一趟火星旅行的龐大費用，當然也有幾乎不需要花什麼錢的時候。

◎金錢可以幫助你加深人際關係

若能聰明使用金錢，對於建構更好的人際關係很有幫助。例如，用在家庭旅行上，應該可以創造出一輩子的幸福回憶。利用錢實行各式各樣有趣的計畫，就能強化與家人或朋友的情誼。我會花錢請年輕的學員吃飯，一次招待二、三十人，大家可以一起說說笑笑。

◎金錢可以溫暖人心

有錢的話，你可以送花給生病的朋友，也可以捐款給兒少福利機構。幾年前，有人匿名捐贈了小學生用的書包給某個機構，捐贈者自稱是有名的摔角漫畫主角「虎面人」。這個捐贈的故事被電視播出之後，類似的捐贈行為便陸續發生，包含需要這類支援的福利機構在內，許多有需要的地方都收到了書包或捐款。一個人的行為可以撼動大眾的心，使大家感受到溫暖。

你的家族金錢史

你目前的經濟狀況，與你的家族歷史高度相關。誠如我提過好幾次的，父母教給我們關於人生的種種。

然而，我們並不是像在學校讀書那樣，從父母那裡學習有關金錢的種種，我們是自習而來的。是從很小的時候開始看到或聽到，從自己實際上接觸到的一切一路學來的。恐怕我們都無數次聽過某人為了錢的事情在那裡咆哮或發怒，所以也學到了為了錢可能必須咆哮、發怒。

你的父母如果在付錢的時候會擺出一臉不高興的樣子，現在的你說不定在付錢的時候，也會無意間擺出臭臉來。

就算是無意識的，但是你的行為——不論好壞，很多都來自小時候看到學來的行為。如果你沒有意識到「為什麼自己會做出這樣的行為」，就無法改變自己的行為。

所以，有時為了釐清經濟問題的原因，必須順著家族系譜追溯好幾代才行。

◎你的祖父母

既然我們受到父母的影響，那麼父母對金錢的態度與思考方式是從哪裡學來的，自然就不難想像了——你的祖父母。

如果你真的想要理解你與金錢的複雜關係，我建議你將內外祖父母都要仔細考慮進去。父母給予我們的，不過是整副拼圖中的幾片而已。對你的父母來說，在他們小時候，以及很多情況下，就連在新婚的時候也是，帶來影響的人有四位。大多數的人無法直接聯想到祖父母小時候的生活狀態，也不會去問父母關於祖父母過去的辛勞，或是關於他們成功的故事。

或許你至少知道祖父母的職業，像是一般員工、老師、警察、技師、醫生、工程師、開麵包店的……，卻不知道本質上的事。是什麼因素推動了年輕時候的祖父母，他們當時感受過什麼？什麼令他們覺得最驕傲，他們擔心的又是什麼？你應該不曾仔細思考過吧。

即使沒有自覺，我們最大的恐懼，其實可能正是祖父母心中的恐懼。只要我們沒有確實了解祖父母的經歷，感同身受他們的經驗，「認為自己的金錢觀才正確」的想法不過是強辯，或許並非真正明白。

如果你的祖父母已經去世了，我建議你可以閱讀與你的祖父母同時代的歷史書籍，或是去找一些高齡的爺爺奶奶、那些認識你祖父母的人，問問他們你的祖父母是怎麼樣的人，如何在嚴酷的時代中生存下來。

◎你的兄弟姐妹與親近的友人

我們對事物的看法，不只受到父母或祖父母的影響，兄弟姐妹或親近的友人，還有更多平常會接觸到的人，都會影響我們的行為和思考。

我的小學同學就教了我放學後買零食來吃的壞習慣。他其實有點叛逆，雖然父母和學校禁止放學後買零食來吃，但也正因為如此，才更加快樂！

我覺得如果只有我一個人，應該就不會想要這麼做吧。但是跟朋友一起的話，就覺得可以一起做一些很酷、很快樂的事。

我們就是在這段人格形成的期間，看著周圍所有人的行動，模仿他人在無意間所做的事，慢慢內化這些東西。

到了十五到二十歲時，雖然大多數的人對金錢的觀念、行為和態度都已經成形了，卻幾乎不明白自己可以確實控制到什麼程度，也不會對自己究竟受到了多少壞影響有所自覺。但是，只要我們不尋找消除壞影響的方法，我們的思考方式和經濟狀況，就會一直這樣混亂下去。

你已經遺忘的心靈傷痕——憶起受傷的情感

我們究竟忘記了多少小時候曾經遭遇過的事呢？

這真的很驚人，人們時常忘記自己經歷過的事。很多受過虐待的人，都認為自己度過了非常美好的童年時代，家人也經常攏絡說服孩子。

「喔，你真是運氣很好呢！」

「你的日子過得很不錯呢。」

「以前我們全家的感情都非常好喔。」

這當中也有家庭是全家人都接受這些謊言，孩子們只是傻傻坐著，陶醉說著父母或自己小時候的事情，好像這麼做的話，就可以把注意力從那些痛苦的事情轉移出來。其實倒不如說，他們是在粉飾太平，因為如果詳細憶起這些往事，只會被痛苦與不安折磨。

我也一直以為自己是小時候「過得很好」長大的人，但其實並沒有很好，只是我一直這樣告訴自己而已。如果不這麼做，想起痛苦的過去，就會變得很憂鬱。

但是，當我豁出去，回想起以往逃避不看的各種心靈傷痕時，就知道自己小時候離「過得很好」其實相當遙遠。

那些回憶其實相當可怕，我母親的人生是被金錢，又或者說是被對金錢的恐懼所控制，而我的童年時代也是一樣。

我至今仍然記得，我曾經央求母親，讓我去美國完成一直夢想的寄宿家庭體驗。但是，我母親很怕對父親提起這件事，因為我父親是那種只要提到自己認為沒有用的花費時，很容易就會生氣的人。所以，最後她沒有幫我跟父親講，而是反過來跟我說：「我們等到爸爸心情好的時候再說。」

這句話的意思就是：「這件事我絕對辦不到，你死心吧。」

晚餐時間在餐桌上，我被禁止提起寄宿家庭的事。最後，我也沒能鼓起勇氣直接對父親說，由於對「不能惹爸爸生氣」的恐懼，粉碎了我的海外寄宿家庭夢想，以及其他的夢想。

長大後，我多數時間不會把自己的夢想掛在嘴上，最重要的是為了避免媽媽被爸爸暴力對待。我父親是會施暴的人，那是我童年時代非常可怕又痛苦的回憶。我父親會因為一點小事，馬上勃然大怒。一有什麼不高興的事，就算是小孩想去夏令營這種事，也會立刻大怒。

小孩子因為喜歡父母，所以會記住他們經常說的話。我母親的情況是，她的話充滿了暗示性。

那並不是「盡你最大的努力就好，加油！」，或是「享受人生」、「失敗也不要緊」、「認真做的話就會成功」這種正向語言。

我母親告訴我的是：

「不可以把睡著的孩子吵醒（不可引起風波。）」

「不要把自己的感覺說出來。」

「等爸爸心情好一點吧（別說多餘的話！）」

像這樣，隱藏了許多弦外之音，我就這樣被母親的話長期折磨著。在日本，把家裡的醜事說出去是一種禁忌。為了養家拚命工作的父親，為了養兒育女奉獻自己的母親，就連拐彎抹角批評他們也不可以。

父親對於身為兒子的我，雖然教會我很多關於金錢的事，但也很自然把不健康的金錢觀念根植在我身上。

要把我腦海裡深植的負面觀念或恐懼治好並非易事。首先，我不能閃躲這些恐懼與負面想法，只能仔細看個清楚。

那恐怕也是我父親小時候曾經嚐過的滋味，說不定也是我祖父曾經有過的感受。隨著我的內心慢慢治癒，我感覺自己斬斷了祖先代代相傳的負面連鎖，將它轉為祝福。

回憶童年時代的心靈創傷或討厭的事或許令人痛苦，如果你真心想要改變自己與金錢的關係，這是一條不可避免的路。

感謝過去，創造最好的未來

在日本，有定期感謝祖先的習俗。開始意識到過去發生的所有一切時，你對接下來要做的事情，就會帶著更深一層的感恩心情。此外，藉著連結自己與過去，你也能感覺到是因為一連串的命運，才使你現在能夠在這裡。

想像一下，在你出生之前，你的祖先曾經多麼辛苦，才克服了種種困難。饑荒、戰爭、不景氣等，肯定發生了許多生存受到威脅的事情。

從祖先曾經居住的過去，到通往未來連綿不斷的時間長流中，若能感覺到自己的存在，應該也會帶著對未來的責任感行動，就算自己沒有孩子也是一樣。

再加上，現在你的周遭狀況，你的行動本來就會影響到周圍所有的人，身在現代的你應該會更加意識到這一點。

你應該明白，你所有的一切都是由周遭的人、未來即將出生的人們的能量交織而成的一個巨大連結的一部分。

想像一下，你在餐廳吃飯的時候，盤中的萵苣是某人替你盛裝的。在那之前，某人用卡車從田裡運來萵苣。在那之前，有人小心栽培萵苣、採收萵苣。這樣連結出去，你就會知道，目前你的生活是經由相當多數的人，橫跨大範圍所構成的連結在支持著。如果你能夠領悟到，自己不過是這個廣大連結的小小一點，自然就會覺得十分感恩。

如果你能夠看見這個連結，就能得到滿足的心情。即便是一片萵苣，你也不再視為理所當然，而會覺得感恩。然後，這種對一點點小事的感謝心情，每當你意識到過去或未來與現在的連結時，就會越發擴大。

若你能夠重新看待自己的過去，學會接受，那麼你的心情也會變得相對輕鬆，痛苦會治癒，也能夠改變未來的行為模式了——既然你可以用非常幸福的心情接受過去，應該就能夠更輕易描繪出美好的未來。

能夠左右未來的，就是我們的想法與態度。若能夠接受過去的痛苦經驗，從中學習重要的事，未來即使再有什麼辛苦的事，一定也能夠用正面的態度堅持下去。

最重要的是，要記得：能夠創造你的未來的，只有你自己，這幾乎完全取決於現在的你如何想、如何採取行動。

我們將自己的觀念、話語、態度當作能量送到這世上，這些東西又變成另一股能量回到我們身邊。

金錢的流通：Happy Money金流&Unhappy Money金流

happy money

金錢是流動的能量

一開始我就說過，許多人都把金錢這種東西理解得太狹隘。講到錢，往往只是單純想到偶爾會使用的紙鈔或硬幣，但是我們從很久以前就開始使用信用卡購物了，現在還經常用智慧型手機來付款，要買什麼都已經不大需要現金了。

仔細想想，信用卡並不是錢，手機也不是錢。雖然這麼說，但是仍看得到錢經由信用卡、手機，從自己的帳戶流到某個地方去。

所謂「金錢」，究竟是什麼呢？

錢是從哪裡來的？

錢的價值又是從哪裡產生的？

在前三章，我們從各種不同角度來看錢，主要著眼於「對你來說」的金錢的「意義」，把焦點放在你與金錢的關係上，關注你認為錢是什麼，從過去的經驗來看，你對金錢有什麼樣的感覺。

在這一章，我們進一步擴大視野來看吧。

請你把錢想做是到處——特別是在人與人之間——流動的「能量」。現在即使你花了錢，也不見得是實際把現金交給對方，很多時候只是在形式上改變了錢的擁有者而已。

你買了某樣東西，支付金錢作為對價。但是，究竟是付給誰，又是如何支付的呢？

當然，我們支付的對象是賣東西給我們的人或公司，但是看不看得見對方並不是問題，無論是在線上購買，或是當面購買，金錢都是交換手段——要說的話就是一種「流通」（current），所以它才叫做「通貨」（currency）。

金錢是能量，如果它不停流通的話，現在就在各地家庭、地區和社會團體中，在我們身邊流通著。金錢存在任何地方，即使你看不見，它依然存在、流動著。**若能理解金錢就是一種流動的能量，你會確實改變看待事物的觀點**。

在都市中，大量金錢滾滾流動。居民在加油站加油、去看棒球比賽、看電影、在外面享受外食，一切都需要錢。數以百萬計的都市人支付金錢，換取物品或服務。

另一方面，在鄉下，就感覺不到這樣的能量，這是為什麼呢？

因為人們與使用金錢的設施之間隔著廣大的空間，能量的擴展就變弱了。在都市生活的人，之所以會覺得鄉下很無聊，感覺好像「哪裡不一樣了」，那並不是他們想太多了。

與有錢人交往的感覺可能和平常不大一樣，那是因為他們在快速的流通中，與能量充沛的人以極快的速度互相活動著。

獲得Happy Money金流的唯一祕訣

那麼，要如何才能獲得「Happy Money金流」，也就是「以高能量流通的金錢」呢？還有，要如何才能躲開「Unhappy Money金流」，也就是「以低能量流通的金錢」呢？

我來告訴你方法吧。或許你現在聽起來覺得不可能、有點懷疑，請繼續聽我說下去。把金錢看成流通的能量，不是現金或數字，這樣就會變成很容易親近的概念了。

接下來我要說的話，可能會讓你感到有點訝異，不過這麼想的不是只有我，也有很多專家跟前輩與我有類似的想法。

「你有責任為自己的金錢注入能量。」

如果你願意，就能為自己的錢（數量）與流通（速度）注入能量。**注入正面能量——提高與金錢相關的能量水準，金錢的流通就會變好，這是宇宙法則。**

那麼，該怎麼做，才能積極將能量注入金錢，創造出從自己手上流動的Happy Money呢？

那就是「由衷的感謝」。對，只是這樣而已。

處於Happy Money金流狀態中是什麼模樣？

只要展現出感謝的心情，就可以為Happy Money的流通增加氣勢。如果工作順利獲得報酬，就由衷地說出感謝並收下；這麼一來，你會感覺到金錢的流通變得更快速。

受到上司、同事、員工、客戶感謝時，你應該也會感覺到強烈的能量正在流動才對。當你的工作獲得高評價時，就表示你「有非常棒的價值」。

而這個「有價值」是什麼意思呢？

是的，它就是能量！

正面的能量是什麼樣的東西呢？那就是Happy Money！

關於工作，受到客戶或顧客的感謝，或只是以專業的態度接待客人就受到感謝時，你就處於被注入正面能量的Happy Money流通中。

對自己的工作感到歡喜，與同事或客戶一起工作時覺得很驕傲，對於能跟他們一起工作，內心有深深的感謝，你就是在為自己的Happy Money金流注入正面能量。當你覺得與其他人一起工作無比光榮時，你正在為你的Happy Money金流注入正面能量。

此外，不是只有錢進來的時候，錢出去的時候，你也一樣可以替你流出去的金錢注入正面能量。當你把錢花在購買衣服、到餐廳吃飯、看電影等事情上時，找到理想的商品或服務而感到開心、覺得很「Lucky！」時，也是為你的Happy Money金流增添氣勢。因為每當你對商品或服務感覺喜歡、表現出感謝的心情時，你就是在推動這個世界的Happy Money金流。

若是給朋友錢、參與慈善活動，或是投資最終為地區、社會或世界作出貢獻的本地新創企業，你就不只是讓自己的人生，也讓許多人人生當中的Happy Money金流變好。

用心感覺，觀察金錢的流通

只要仔細觀察這個世界，你就會發現眼前的金錢流動清晰可見——不過，就像前面說過的，如果住在人煙稀少的鄉下，或許就另當別論。

那是我小時候，父親帶我到一條小商店街去的事。

父親問我：「你覺得哪家店最賺錢？」

他叫我到好幾家店的門口往裡面瞧瞧，數一數每家店裡面的客人人數，然後對我解說我看到的那些事。我看到一些擠滿客人的店，就認為「很多客人出入，所以很賺錢」，但是他告訴我那是誤解。

原來，不是只要出入的客人多，客人購買的商品價格也很重要。那條商店街上有各種行業的店，顧客人數和商品種類非常眾多。魚鋪和蔬果行最熱鬧，客人進進出出絡繹不絕，但是我發現這些店的客人都抱著價格便宜的商品，很快就出來了。

接著，我觀察的是賣棉被的寢具店，我發現雖然他們的客人不多，但是只要賣出去一次，就足夠養整個家庭好幾天。再走過去幾家店，有一間不動產公司的分店。賣房子會產生更大的利潤，不動產公司只要賣出去一間房子，獲利就足以支持經營好幾個月了吧。

那一天，我學到的重要一課就是：「並不是客人多，就表示一定很賺錢。」

當時的教導令年幼的我驚訝無比，印象深刻，一直未曾忘懷。現在每當我到商店街去，雖然店家的業種已經十分不同了，但是金錢的規則仍然相同。

為了練習觀察，也請你到離你最近的商店街或購物中心去感受一下金錢的流動。觀察一下購物的人，注意有多少客人進出。

等到你能夠感覺到能量或金錢的流動之後，你就能夠發現你過去不曾察覺到的事。

金錢是流動的——收入多，支出也會多

回頭看看你到目前為止的人生，想想跟金錢有關的起伏，大概會記得在銀行裡有存款，所以感覺非常安心的時候，恐怕也會有就算賺了很多錢，卻因為花得更多而無法應付、甚至開始擔心的時期。說不定，你也有過完全沒錢、走投無路，對人生感到絕望的時候。

「不義之財必耗盡」，應該不少人有過突然進來的錢很快就消失不見的經驗。為了生存必須吃東西，吃進去的也必須以排泄物或能量的形式排放出去。如果說是流通的話，應該要有平衡，因為這是自然法則。

就像你無法控制自然的隨性一樣，你也不能有意圖地去改變金錢的流動。就像地球引力控制潮起潮落，經濟也控制著金錢的潮起潮落。

錢進也好，錢出也好，帶著安心感與感謝的心情是最理想的。錢進來的話，一面享受錢往自己流的感覺，也必須心懷感謝。

同等重要的是，在花錢或是要放手的時候，能不能真實感受到如同獲得時那

樣的喜悅。

若是能夠理解依據自然法則，錢在不久後就會回到自己身邊，在投資或付款時，也就能夠帶著感謝的心情把錢送出去。

關於金錢流通的最大謎團就是：「什麼樣的人會成為收取金錢的那一方呢？」心機重又壞心腸、無恥又手段卑鄙的人會成為有錢人，這一點都不需要驚訝。但我們希望不是那種人，而是「溫柔、體貼、正直的好人可以成為有錢人」，但從現實生活中我們也明白，很多時候並非如此。

看起來就像壞人的人，為什麼可以得到那麼多錢呢？

成為吸引金錢的磁鐵

我的導師曾經告訴我：「金錢就是能量，人就像磁鐵一樣。」

在自然界，磁力是一股力量，能夠轉換能量。

吸引金錢的磁鐵——那些看起來像是站在金錢流通之路上的人們，即便在道德上不正當，也能夠收到金錢。

就像自然掉落的岩石，會掉在好人頭上還是掉在壞人頭上，我們不會知道，因為大自然不會區分好人壞人。同樣的，金錢也不會區分好人壞人。

不論在好的意義上或是壞的意義上，金錢都不會去判斷人，只會單純跑到吸引它的地方去。無論個人、企業或國家，都是「磁鐵」或「力量」，而金錢會往擁有吸引它的力量的地方流去。

壞心的人、組織或國家，如果比我們有錢，或許會令人想要大喊：「這一點都不公平！」

我問我的導師：「這個世界沒有正義嗎？」

他的臉上浮現一抹微笑，這麼告訴我：「金錢不是神，只不過是一種中立的能量。磁力有正負極兩種，雙方都有相同的力量。夥伴關係也是一樣，無論好人或壞人，都同樣擁有吸引力或魅力。」

負面磁力強的人，也可以吸引金錢

像這樣可以吸引金錢的人，究竟是誰呢？

英文有個名詞「金錢磁鐵」（money magnet），顯示了對賺錢的莫大欲望。想方設法要成為「金錢磁鐵」的人最愛錢，認為拿錢是當然的，永遠都在想賺錢的方法。

像這樣的人，很多在小時候都吃過苦，「只要有錢就能得救」這種想法，一直是他們的心靈慰藉，認為錢可以克服人生中所有的不公平。那就像在心裡挖了一個很深的洞（黑洞），擁有強大的磁力。許多詐騙犯或壞人、那些缺乏道德感的人，就是利用這樣的心理機制在賺錢。

這就是負面的磁力。即便不至於是詐騙犯，那些花言巧語或狡猾的人，有些會帶有一股難以形容的魅力，就是因為他們擁有這樣的磁力。

他們因為擁有獨特的領袖氣質、願景、又具有說服力，因此會有一定數量的人就像被催眠一樣，受到他們吸引。

然而，詐欺犯或欲望很強的人，就像在跟魔鬼打牌一樣。前文提過，金錢會像潮汐起落一樣反覆進出，因此他們有可能賺錢，也很可能很快就失去，最後因為害怕失去金錢的恐懼，阻止了金錢的流動。

他們一旦失去金錢，就會想要得到更多，於是磁石再度吸引金錢，一直持續無止境的循環，最後因為某種原因而出現破綻。

與此相反的是討厭金錢的人，他們會盡量遠離金錢。他們在痛苦的童年時代被教導「金錢是所有問題的原因」，所以認為「錢這種東西還是沒有比較好」，結果他們的人生也就這樣發展了。

成為正面的金錢磁鐵

好人也有辦法成為吸引金流的強力磁鐵，那就是散發正面能量。以積極向前的態度生活的人，散發出來的正面能量，能夠吸引到金錢。當你覺得自己的工作有趣得不得了，散發出感謝與幸福的能量時，就能吸引程度驚人的金錢流過來。

最愛做出好菜給客人吃的餐廳老闆，會不斷地召喚顧客前來，將金錢吸引過來。費盡心思清除衣服髒汙的洗衣店老闆，一定也能吸引許多固定的客人。

還有為了正義，熱情參與活動的律師，身邊肯定會有委託人在那裡排隊等候。充滿愛與能量、體貼的人，很有魅力、很吸引人。感覺到非常出色美好的人的魅力，並非偶然，而是必然。因為很愛花草，所以帶著滿面笑容製作花束的花店，以及只是當成一份工作，表情陰鬱地包裝花束的花店，你會想跟哪一家買花呢？

親切、熱情又熱心的人，會吸引客人、吸引金錢，並不是什麼「魔法」。他們毫無疑問能夠累積財富，就算賺錢不一定是他們的優先事項或人生目的，但是充滿了愛與服務精神的人，能夠賺到超乎原本想像的金錢。

人生各種用錢階段

當收入比支出多

一般來說，收進來的錢比花出去的錢多的話，會感覺人生過得很順遂。而且，也會對自己所做的事情感覺興致高昂吧。有時總免不了抑制不住興奮，大致上來說，總之是開心的。

有些人可能會覺得，現在正是人生應該享樂的時候，一直以來辛苦工作，變成了報酬回到自己手上。若是這樣，這表示我們做了自己該做的事——主要是為他人服務，帶給他們幸福快樂。

在這個時期，你也可能認為金錢就像潮起潮落，當然會有出有入，所以有必要為了將來存錢或投資。無論是購買工作用的新機器、學習新的事物、尋找新的興趣，找找看能夠持續回報給他人的方法吧。

不過，**大多數的人在這個時期即便持續有錢進來，也不懂得「善用」或「投資」自己的將來，還以為「這種情況會永遠持續下去」，所以提高生活水準。**如此一來，由於持續過著超過收入的生活，應該很快又會為了生存而掙扎吧。

不用說，一旦染上了浪費的習慣，就很難改得掉。特別是明明已經不能再這樣浪費下去了，但是社會或家人卻仍希望可以一直浪費下去，就會變得很辛苦。由於一直以來都是這樣，所以很多人還是會認為可以「吃館子、開派對、送禮物」。可是，萬一預計入帳的錢沒有進來，那就會很慘。

「怎麼回事？為什麼要繳這麼多稅？」

「怎麼會有這筆醫療費，總共是多少錢啊？」

會這樣驚訝的人，就是平常沒什麼準備的人。

當收入比需要的金額少

大多數的人應該都有過這樣的經驗吧，而且極為明顯的，這可能是人生中最可怕的時期之一。在金錢上遭遇到極度困難時身體會有的感覺，很多人都清楚記得——胃就像被緊緊揪住一樣痛苦，壓力山大，感覺胸口被壓得喘不過氣來，脈搏也變快了。

重要的合作以失敗告終，期待已久的費用可能拿不到，或是冰箱、冷氣突然故障了，換一台說不定要二十萬日圓，但是你卻沒有錢。

或者就像很多人一樣，欠了許多就學貸款或信用卡帳款，覺得永遠都繳不完。

我們都會面臨這樣的問題，有時會因為你「如何」面對這些問題而帶來正面的結果。

沒有人能夠免除災難或苦惱，充滿壓力的狀況往往會是你最棒的老師。災難或苦惱會教我們，什麼是我們必需或期望的，大致上能使我們成長。當然，成長會伴隨著痛苦，這種痛苦稱為「成長痛」，每個人或多或少都有過這種體驗。

如果你單身、過著節儉的生活，你可以過著幾乎不需要擔心金錢的生活吧。既然你正在讀這本書，表示你的人生當中，過去應該有過與金錢相關的精神壓力。如果你目前已婚、有小孩的話，很可能就有一定的經濟壓力。

日常生活中的金錢壓力，一直都在襲擊著我們。隨著孩子長大，想要的玩具突然變得很貴，或是想學才藝、想看演唱會、想買手機或電腦，甚至想去海外體驗寄宿家庭或國外旅行，要求的東西愈來愈花錢。

要數也數不完，全部都是一些很貴的東西，再加上還有大學學費，你永遠都覺得自己站在挫折的邊緣。目前的工作只要失去一個客戶，或許就會失業，如果夫妻又為了錢花到哪裡再度吵起來的話，可能就會馬上離婚。

但是，請你不要忘記，這種情況是一時的，你的收入提高，問題不一定就會解決。就如同你知道的，錢是一種拿到愈多花得愈凶的東西。

倒不如說，好好把這段嚴酷的時期，當成一段內省與成長的期間，釐清要吸引人生中的正向金流，你應該做些什麼。首先，請你感謝自己擁有的，然後專注在能夠讓你覺得幸福、充滿熱情又興致高昂的事物上吧。

當收入與支出都增加

當收支一下子增加很多的時候，你應該會充滿自信吧。

度過了前文那段痛苦、嚴酷的時期之後，你學會了無可取代的教訓，此時正好成為助力。你可能已經成為一個可以妥善掌控金錢、善於投資的達人了。你雖然非常辛苦地成長，但相信現在的你，已經不需要那麼辛苦為錢煩惱了。

跟往昔不同，你現在可以自由選擇。

你可以泰然應付各種期望與風險，無論要踩下煞車減緩成長的速度，或是踩油門加速，你都做得到。如果決定要踩煞車的話，你毫無疑問可以過著更平穩的人生。如果你有意加把勁，提升人生歷練與職涯，現在就是你採取行動的時候。雖然有風險，但通常帶給你的快樂會比問題多。

幾乎沒有收入與支出時

這完全就是一種「休息模式」，很多人應該都經歷過這樣的時期，這通常是來自行動力或自主性的不足，於是呈現一種不工作、不與人接觸、盡量不參加活動的狀態。為什麼？可能有些人已經持續奮鬥了許多年，燃燒殆盡了。照理說，應該可以多接一些活動或工作，與精神壓力戰鬥才對。但是這種時候，有很深的心理因素在作祟。

不認為自己「優秀」、「有價值」，或是「應該接受好評」的人，往往會逃避健康的日常生活，舉手投足都被不安與恐懼支配著。不花錢、也不賺錢，因為這樣就不需要品嚐痛苦的喪失感、成長的苦澀，或是失敗或失望的不愉快了。

如果你現在剛好就是這樣的狀態，你真的認為你剩餘的人生可以這樣過嗎？

你難道不曾對這樣的生活方式感到厭煩嗎？

如果你總是對任何事情都不關心、感覺很煩的話，轉個彎想，或許現在就是你開始做某件事的絕佳機會。採取更多行動，增加你的收入與支出，同時增加你的人生經驗，你的人生才正要重新開始。

當然，這可能會帶來一點壓力。如果你不賺錢、不花錢的唯一理由，就是要逃避壓力的話，那我會給你這項建議：

「稍微感覺到壓力，是有趣人生必然的附屬品喔。」

財富包含「存貨」與「流量」兩項要素

財富包含「存貨」與「流量」。

「存貨」當中，包含了存款、股票、債券、不動產等，這些是所謂的純資產，也就是具有財務價值的東西。既然有有形的東西，也就有可以被其他東西代替的純粹數位世界裡的數字。活用資產可以購買食物或其他物品——股票、債券或不動產那樣的資產，可以透過配息或租金創造收入。但是其他種類的資產，例如藝術品、古董車、寶石或黃金等，只有保值作用，如果不賣掉或不交換，就什麼都不會產生。

「流量」就是你的收入。如果你擁有資產，就可以從資產取得收入；如果你沒有資產，就必須工作賺取金錢。依據你產生的流量多少，決定你的生活品質。如果你能夠創造出快樂、幸福的流量，你的生活就會感覺喜悅、興致盎然。如果你擁有充裕的資產，就可以不用擔心工作。

在思考金錢的事情時，往往容易把存貨與流量混淆在一起。大多數的人都認為金錢就是流量（收入），並不怎麼注意資產。

勞動者把工作看成收入來源，在收支管理上，認為收入必須大於支出，不會把「流量」理解為負面的，也就是不認為進來的東西總有一天也會出去。明明沒有任何保證，許多勞動者還是一味認為「流量穩定的收入，會持續一輩子。」

他們可能習慣於「我有工作，所以安心了」，之後若被裁員或工廠關閉的話，就會遭受到很大的打擊。如果你能夠理解流量起伏可能相當激烈，應該就會知道沒有永久保證的收入。

如果你認清「穩定的收入，不一定會持續下去」，就會腳踏實地為將來做準備。但是，大多數的人只要目前沒有問題，就不會警覺有風險，主動為將來做準備。

家庭教育可能並未教導我們收入起伏才是常態，當我們被灌輸「去上學，然後找到好工作，一生就會比較平穩」，若是產業受到打擊或自己負責的業務已經不再被需要時，往往如同晴天霹靂。

「盲目相信」與「真正的信念」是完全不同的。所謂「盲目相信」，就是認為「一切都會順利」，然後只是等著看會有什麼改變發生。「真正的信念」則是意味著相信自己的能力，為了朝著更正面的方向前進，落實金錢相關知識。

如果你是自由工作者，應該很清楚工作量是會變動的。工作邀約有時好像說好了一起來，然後也像說好了一起不來一樣，所以收入當然起伏不定。

資深的自由工作者，因為比大多數的一般上班族更有自覺流量是靠不住的，所以會謹慎地為「枯水期」做好準備。生活經驗告訴他們，沒有什麼是保證的，所以不會盲目相信或天真期待保證穩定收入這種事。然而，自由工作者雖然不會像上班族那樣想法天真，但很多時候總是在擔心，這對健康或許也不大好。

理想狀態：有流量的湖

我被問過：「什麼樣的狀態，才是存貨跟流量都可以兼顧？」，那便是有流量吐納的湖。

「有流量的湖」這個概念，要約來說就是一種豐足的狀態。我們一旦形成豐足的狀態，金錢就會不斷流入，一方面又有充足的儲蓄，可以讓我們長期安穩度日，這真是最棒的感覺了！

如果你已經有過這種經驗，應該就會明白，這樣就可以不用每天擔心金錢的出入了。這就像有新鮮的水源源不絕流入，身後一直都有一個裝滿水的豐沛湖泊，你的錢就在那裡。

相信你也希望自己成為這樣的狀態。為了這個目的，最重要的是，要維持不僅自己足夠，也要能夠給予他人的存貨與流量。

停滯的水：幾乎沒有流動的池子

就算有充分的存貨，如果沒有什麼流量，金錢就會變成一個幾乎不流動的池子。這麼一來，你很容易就會緊抓著手裡的錢不放，沒有什麼錢進來，也沒有什麼錢出去。一個不流動的池子，會變成什麼樣子呢？池水很容易腐臭。

這種現象的例子，在文學或歷史中所在多有，狄更斯筆下的「小氣財神」史古基就是經典範例。一個擁有流量及充分資產的有錢人，緊緊抓住自己的錢，走向一生的破滅。失去了對人生的愛，失去了唯一的朋友，惡劣對待自己的員工。

想讓一池汙水變得乾淨，就只有把水舀出來過濾。如果這池水是你的，你可以把錢用在你很關心的人或慈善活動上。想要過濾你池子裡的汙水，沒有比這個更好的方法了。

如何維持健全的存貨與流量？

如同前文所述，財富包含「存貨」與「流量」。如果你能夠創造出充分的存貨與流量，幾乎就不會再感覺到跟金錢有關的壓力了。

雖然金額多寡會因為你的生活方式、需求或優先順序而有所不同，但究竟要如何找出適合自己的實際金額呢？

如果你把金額設得太高，就會和許多人一樣落入陷阱，即使不停工作也滿足不了。

應該要有多少資產與收入才是最理想的，我們來預估一下吧。找到一個正過著最接近你理想生活的人，或是你尊敬的人，調查看看他們是如何達到這樣的境界。

如果你跟這個人很熟的話，就拜託對方給你一點意見，或許他們會很熱心告訴你寶貴的洞見與知識。可想而知，他們並非偶然達到那個境界，而是根據一定的思考方式，在經濟上獲得成功。

如果你現在在公司上班，感覺不是走在自己喜歡的道路上，覺得自己好像什麼都不會的話，你必須跨出你的舒適圈，找到適合發揮才能的工作。

請你試著找出一條更有貢獻的道路吧，如果能夠處於令你綻放最閃亮光芒的場所，就會增加你吸引人的力量，你的收入肯定也會增加的。

看清你的理想經濟狀況的祕訣

要看清你的理想經濟狀況，最好的方法就是在心中描繪五年後的自己。請你花一點時間想像一下——

五年後，你在經濟上的狀況會是如何？

你本來想做什麼？

你要如何發揮才能，對世界作出貢獻？

你的生活方式如何？

你正在微笑嗎？

你幸福嗎？

在這裡，請你大膽一點想像。某位年輕主婦在心中描繪出成為企業老闆的自己，結果不到三年，她就賺得比她先生還多。如果你能夠想像五年後的自己，接下來就請你想像一下十年後的自己吧。

現在的我是什麼樣的人？

我正在做什麼？

我做出什麼貢獻？

我擁有什麼樣的資產？

我的收入如何？

我正在幫助什麼樣的人呢？

採取這樣的步驟，你的夢想可能會以預料之外的形式逐一實現。

留意「賺快錢」——通往破產的捷徑

我指導過很多人關於金錢的事，我問客戶的第一個問題總是：「你是怎麼賺錢的？」有的人是靠價格便宜的產品或服務在賺錢，也有人賣的是高級寶石等高價產品或服務。

看他選擇的是什麼樣的職業，可以看出這個人的大致模樣。想用自己的方法貢獻，一點一滴建立企業的人，就會選擇小型企業。

充滿野心的人，就會偏向選擇需要更大花費、風險更高的創業方式。這類工作只要有一次大賣，就可以獲得巨大利益。他們會為了給人好印象而打扮時髦，喜歡穿帶氣派手錶或名牌包等奢侈品，開著高級車到處跑。

但是，從我的經驗來看，這個「怎麼賺到錢的」問題，直接跟「怎麼失去金錢」連結在一起——**用很快的速度賺錢，那些錢也很容易在轉眼間消失。多花一點時間腳踏實地賺錢，就能夠慢慢變成有錢人。**

有很多常見的例子——雖然暫時獲得成功，後來卻破產的大企業家或名人，繼承意料之外的大筆遺產，卻在轉瞬失去一切的人，這樣的例子要多少有多少。

在我認識的人當中，有人明明賣出了一百萬本以上的著作，卻因為一次的投資失利，失去全部的財產。也有人把錢花在新的辦公室和工廠，結果落得身無分文。

這些故事給我們的教訓就是：「如果你不小心注意，你賺來的錢很快就會消失。」就跟中彩券的人一樣，如果你不把這些錢當成自己的錢，也就是正當的所有物，是心懷歡喜為人服務誠實賺來的錢，那麼你很容易就會失去它。

「不義之財必耗盡」就是這個意思。

慢慢賺錢，你會穩定地變成有錢人

與不義之財相反，如果錢是慢慢賺進來的，一般來說，在事業與人生兩方面都會比較順利。因為慢慢花時間變得有錢的人，傾向長期持有這些錢。

在短時間內賺到錢的人，很快就會失去賺來的錢，還有一個原因是他們對金錢還沒有做好心理準備。這個時候有用的經驗可能並不豐富，結果太衝動就決定錢的使用途徑，但是有很多判斷錯誤，大部分是被恐懼感驅使的，以過度的興奮感判斷所致。

一般來說，若是因為「害怕」這個理由而決定，往往就會做出糟糕的決定。這不是基於認為「機會再多都有」的豐足神話，而是基於「害怕被人超越」的匱乏之神話所做出的決定。

可能出乎你的意料，經營乾洗店也能誕生億萬富翁。乾洗店雖然不像珠寶店那樣擁有奢華的高級感，但是最終的賺錢程度卻不輸給其他的店。和客人要來個好幾趟才賣得出去的珠寶店不同，乾洗店的業務量相對穩定，就算收費便宜，但是每天都一點一點地賺，只要長期持續下去，就能夠賺到不少錢。這一點無論在哪個領域，只要有持續的收入、固定的回頭客，就能夠累積財產。

所以，如果你想要變得有錢，首先就要以你真心覺得快樂的事為目標採取行動、持續成長，找到有貢獻的職業。

醫生、律師、會計師、洗衣店老闆、珠寶店老闆、主廚、作家、花店老闆、藝術家、歌手、業務等，不論你選擇什麼職業，一定都能夠變成有錢人。

重要的並不是「你做什麼」，而是「你要怎麼做」。

或許要花一點時間，但是為了要得到確實的成功，最重要的是找到能夠讓你的技術與才能展露光芒的位置。就算這件事可能要花上十年，也完全不打緊。

找到之後如果順利發展的話，或許會有某種程度的時間差，但是一定能夠成功的。任何人在開頭幾年，成果都不會太好，但是只要成功建立地位之後，Happy Money金流就會開始進入你的人生。

前往金錢流通的場所，很多人＝能量＝錢

錢會流到已經有能量的場所，不會流到沒有人、沒有任何東西的地方。

因此，你在紐約、倫敦、巴黎、柏林、杜拜、上海、東京等大都市找到很多生意機會是當然的。

錢會流到很多人聚集的地方。因為這樣，大都市就變得更大，從郊區或鄉下不斷地把人吸引過去。現在，世界有一半以上的人口住在大都會，預測未來的數十年間，住在都會區的人會增加更多。

所以，如果你想賺更多錢的話，都市生活會比住在森林裡面更好一點。當

然，因為網路使得狀況有了一些改變，但是ＩＴ產業的人才之所以都聚集在矽谷或深圳，就是因為那裡的生意機會就是那麼多。住在這樣的地方，你就能夠輕易見到天使投資者、經營者、行銷人員、公關、工程師等，使得各種事務的進展更加快速。

如何找出適合你的金錢流量？

有時，當金錢的流動太大、太快，你可能很難享受這樣的流通，會引發嚴重的「活力下降」。想像一下，當收入變成十倍，支出與實務上的問題也會變成十倍。當這一切發生得太過突然，你還沒有做好心理準備的話，就會不知所措。可能也有人不知道該如何處理這樣的金流才好。那麼，要如何才能知道最適合你的金錢流量呢？

那就要看你自己的「感覺」才會知道，這個金額每個人都不一樣。

有的人每個月只要有三十萬日圓就覺得足夠了，也有人需要更多。有人有很多收入，卻在還沒有弄清楚收入或資產究竟有多少的情況下，就快要被這個責任的重量給壓垮了。

我們還是**追求會給你的心帶來平靜的金錢流量吧！**

理解金流的概念，知道如何成為像磁鐵一樣吸引金錢的人，以及自在過著幸福人生所需要的金錢流量，那麼接下來你該做的事就是，找出適合你搭上的金流。該怎麼做呢？

試試看就會知道。當你身處於正向金流之中，你會完全埋首其間，因此沒有任何壓力，會感覺時間過得很快，可以自在揮灑自己的技術與才華，能夠真正感覺到自己的工作帶來了變化。

不可思議的是，你會完全不覺得自己是在工作，真正感受到行雲流水。收取Happy Money就跟歡喜遊玩的感覺很像，當你感覺玩得很愉快的時候，就是搭上適合你的金流了。如果你還沒有搭上的話，就繼續尋找吧。

經濟上很順利、成功的人，大都在快樂的金流中生活。這是因為他們無論做什麼都很容易吸引金錢，用錢的方式也是自己真正覺得快樂的方式。

精神上很健康的人，對人生不會有什麼太大的不滿。

當你對自己的金流狀態感覺很舒服的時候，就能與其他人分享自己的金流。關於金錢，有趣的是，當金錢流通得愈多時，也就是你愈與他人分享，流動的氣勢就愈是增加。

假設有兩個朋友，一個總是給你機會、給你啟發，介紹客人給你，另一個什麼都不會為你做。

當你有機會給其中一個人方便時，你會給誰呢？

善於將這些流量轉給別人的人，就能讓機會、人氣與金錢都匯集到身邊。

找到志同道合的夥伴

要找到完全適合自己的金流，首先要找到自己的夥伴。所謂「夥伴」，是一群跟你有共鳴的人，對你的行為或個性都有好評。他們支援你，購買你的產品或服務，提高你的士氣，總是為你的成功與升遷加油。你的夥伴不一定要是你的家人，也不一定要在哪裡，想到我們身處於全球化的經濟中，夥伴在地球上的任何一個角落都可以。

如果知道自己會進入什麼樣的夥伴圈，人生就會更輕鬆一點。有很多種形式，可以是有藝術家氣質的夥伴、學者氣質的夥伴，或是有企業家性格的夥伴。無論是什麼樣的圈圈，只要能夠成為其中一員，大家可以分享許多東西，就像回到故鄉一樣親切。

夥伴會認同你的感覺或行為，更重要的是，他們認同你的個性。跟夥伴在一起，你會覺得很放心，有融為一體的感覺，無論什麼你都很自然可以做到。

放掉不需要的東西，只做自己最喜歡的事

經常感覺自己「應該得到更多」，是一種很危險的生活方式，因為你不可能永遠都能持續獲得更多。但是，大家都會感覺到這種壓力，每個人都會想要更多。

最近老是抱怨「回家後很無聊」的小孩增加了，父母都在想必須要讓孩子覺得更有趣一點。不少父母都感受到必須多賺一點錢、更常到外面的餐廳吃飯、彼此多給一點的壓力。對於不能給予他人更多，我們經常會有罪惡感。每個人在某種程度上都在「追求更多」，卻難以表達自己的情感。就連我們的導師或我們當

作楷模的人物，都在努力想要得到更多。

然而，時代逐漸改變，有人開始對這樣的生活方式感到厭煩，特別是年輕人，這種傾向非常顯著。

做自己最喜歡的事，和把不必要的東西放掉，兩者不見得矛盾。停下腳步，思考一下你真正想做的事，只要往那個方向前進就可以了。

只做自己喜歡的事，只在自己喜歡的地方，跟自己喜歡的人交往。想像一下這樣的人生，你會比以前過得更不幸嗎？或者滿足於比以前擁有的更少呢？

創造你的金流，建立你可以信賴的人脈

你並不需要擁有很多，才能開始創造自己的金流。白手起家成功的富豪在創業初期，也都沒有擁有太多。

他們為什麼會成功呢？

那是因為他們一直用現在擁有的東西去交換更好的東西。一開始雖然是從分享自己的心與熱情開始的，但是人們最喜歡支持熱情的人，無論走到哪裡，熱情

的人都能夠得到充分支持。我們看到拚命努力的人，就會想要幫助他。

我完全不擔心錢的事，不是因為我有很多錢，而是因為我有很多很棒的朋友。

前幾天，我數了一下自己有幾個可以信賴的朋友，有五十個以上。就算我失去所有的財產，只要我到任何一位好友那裡，都能拜託他們「讓我借住一個星期」。拜託人家讓我借住，借住期間我會替他做保母或家事，靜靜聽他傾訴人生的煩惱。我會當一個很好的寄居者，我很擅長打掃廁所、浴室、洗碗、換燈泡，然後下一個星期我再到別的朋友家去。

經過一年（五十二週），我就回到第一個朋友的家，說聲：「好久不見！最近還好嗎？」，然後再開始新的一年的寄居生活就好了。

這麼想的話，就算我完全沒錢，只要朋友的人數足夠，就可以在維持平安與和諧的情況下，過完剩餘的人生吧？雖然這有一半是在開玩笑，卻也是事實。

大部分的人可能會說我沒有五十個好友，或是在自己的國家要做這種事很困難。

或許確實如此，但是你可以從小事開始，先去交五個或十個新朋友吧。然後，請你想像一下，你一個一個問他們：「可以讓我借住一個月，直到我可以重新展開生活嗎？」

我這麼提議，不是在提醒你沒有幾個可以信賴的朋友。我想提醒你的是，希望你能學習信賴不依靠金錢的人生，至少是作為心理上的訓練。當然，你應該不需要一整年都仰賴朋友們過活，但是若你能想到不需要自己一個人背負人生的重擔，應該就能夠放心一點。

你害怕的並不是失敗或失去金錢的情況，你害怕的是一個人孤零零、沒飯吃、活不下去。如果能夠確信即使你沒有錢，也有支持你的朋友或家人可以依靠，就沒有什麼好怕的。你會覺得歡喜與感謝，每天都充滿幹勁。

很多人都被自己的恐懼綑綁，因為恐懼，無法辭掉討厭的工作。如果失去現在的工作和收入，就怕會活不下去，很多人都是這樣告訴自己的。然而，一定真是這樣嗎？

答案是否定的。只要你願意，一定會有可以抬頭挺胸活下去的辦法。

首要的步驟就是，從不同的觀點來看事物。

真正的安全感不在於擁有多少錢，而在於有沒有可以彼此信賴的人。

信賴金錢的流通，就是信賴人生

你應該已經明白，信賴金錢的流通，就是信任自己的將來。你現在應該也隱約察覺到，你會感覺不安，並不是對金錢的不安。你對將來不安，你擔心目前擁有的錢是否能夠維持下去，或者是否能夠持續賺到不愁吃穿的錢。太過擔心的話，就會有一種好像要喘不過氣來的感覺。

如果了解這種心理機制，就知道必須面對「信賴」這個課題。如果不能信賴金錢的流通、不能信賴人生，不論你擁有多少，或是存了多少，都無法真正消除你的不安。

如果你能夠信賴人生與將來，你對金錢的不安就會消失。這是因為你可以依賴自己，也有支持你的人可以依賴。

請試著信賴人生的過程吧。如果感覺平常的流程好像哪裡變調了，那就是嘗試新事物的最好機會，或許該是創造其他流程的時候了。要是覺得路走不通了，就向你能夠信賴的人求助吧，一定會有人幫助你的。

如果你不求助的話，誰也不會認為你需要援助的。確實，求助是很困難的事，但是不想辦法得到必要的援助，可能是因為恐懼或不安，因為你害怕別人怎麼想，你在意別人的評論。

所以，有必要再次把恐懼化為信賴，請試著相信人是善良的、會幫助你的。人類最喜歡幫助別人，這世上的好人比你想的還多。只要你放下顧慮求助的話，整個世界都會來幫你，你會發現幸福、溫柔的人很多。

我花了很長的時間學習「如何尋求支援」，起初覺得很不好意思，也有點猶豫不決，但試了之後覺得很快樂，結果經常十分驚喜。

未來該往何處，會變成什麼樣子，我們都不知道。某種意義上，是把自己交給未來。如果把自己交給人生，奇蹟就會發生。你應該聽過有人求助、誠心祈禱，結果奇蹟般得救吧。一旦體驗過，你的世界就會整個改變。

創造幸福金流，你能做的十件事

如果你不覺得自己置身在Happy Money金流中，讓我分享能夠馬上創造出幸福金流的方法吧。接下來就談談創造Happy Money金流的十種方法。

①捐款

捐款贊助慈善活動，是感覺Happy Money金流最簡單的方法。不需要捐大筆金錢，就算只是零錢的小額捐款也有效果，心情會變好。捐款贊助慈善活動，會將你已充分擁有的這個訊息，傳送給你的大腦跟四周。因為你擁有的很多，所以不必害怕。找出對你有意義，符合你的信條的團體或慈善活動提供援助吧。

②給朋友錢

過去或許曾經有人跟你借錢，或是要求你捐款或投資。送給重要的人的金錢，永遠都是Happy Money。每個人在人生中都會有需要錢的時候，在你擁有充分資產的情況下，不妨把一部分的錢給需要的人吧。我有很多次把錢給了身邊在追夢的人，沒有什麼比自己的錢可以幫助別人、支持別人的生活感覺更好的了。

③送禮物給朋友

送禮物給朋友是很快樂的花錢方法。我家有個櫃子專門用來放禮物，全家人一起出去買東西的時候，大概都是為了買禮物送給朋友。

前幾天，我和妻子一同去購物，我負責付錢跟提東西，回到車上的時候，雙手提滿了購物袋。跟一些小東西合起來的話，大概有十袋以上吧。每一袋都不是我們自己想要的東西，所有的東西都是禮物。我們在購物時，沒有找到自己想要的東西，反而看到很多可以送給親友的禮物。看著那麼多的袋子，兩個人笑了起來，但是感覺很幸福。

不必刻意買什麼高價的禮物，小盒的花草茶也是很氣派的禮物。買禮物送給別人，會讓別人感覺幸福，你也會很幸福！

④多給一點

給別人東西的時候，就往上多加一點吧。人在需要求助或是借什麼東西的情況下，都會對自己沒有感到羞恥，因此要求的大多會比實際需要的少一點。所以，如果有人來找你拜託什麼事情的話，先了解他為什麼需要，然後比他要求的多給一點。如果來拜託你借一支筆的話，給的時候就加上筆記本吧。

如果你是老闆雇用新員工，發薪水的時候就比他預期的金額多給一些些。如果你提供客戶服務，想想是否可以額外提供什麼免費的服務。還有，簽約時加上對對方有利的條件，對方就會工作得比平常更開心。

無論在什麼狀況下，多給一點，就可以把充滿不安的退縮能量，變成積極向前的力量。對方會有自己受到重視、被愛的感覺，這等於是對自己及身邊的人精神穩定的一種投資。

⑤多付一點

關於這點，很多人時常感到驚訝。我在收到帳單的時候，都會盡量早點支付，有時還會比帳單金額多付一點，以表達感謝之意。很多人對這樣的行為感到驚訝，表示「工作到目前為止，從來沒有收過比帳單上還多的錢。」一短收就會火大，多收就會吃驚。

我多付一點錢，光是看對方的反應就覺得很開心，因為人們不習慣收到別人多付的錢。我感覺「改變給予和接受的既定觀念」是自己的目標，所以非常享受多付一點錢讓對方嚇一跳的樂趣。

⑥送禮物或卡片給客戶或上司

我們往往很容易忘記，自己一直能從客戶或上司那裡拿到錢，是多麼大的奇蹟。他們其實可以選擇支付金錢給別人，但是他們找到你、選擇你。舉例來說，如果你經營乾洗店，客人明明也可以去別家店，卻來到你的店裡。

你可以送卡片或一點小禮物，表達一下感謝的心意。我每次去書店站在店裡閱讀的時候，總是被那麼多個書架給震撼到，感覺眼睛都要花了。在那麼多的書本中，到底是怎麼樣會選到「我的書」的呢？在數十萬本書當中，能夠找到我的書買下來，首先就令我覺得是不可能的任務，因此我真的由衷感謝各位能夠閱讀我的書。

我會舉辦免費的演講作為送給讀者的禮物，或是贈送特製的筆，都是想要表達我的感謝之意。

你也一樣，為了對客戶表示感謝之意，送點什麼給客戶吧。如果你在公司上班，請你用某種方式表達對上司或同事的感謝之意。

有趣的是，如果你持續表達感謝，對方就會記得你的感謝。如果有什麼好的機會，他頭一個想到的就是你，很可能會第一個邀請你。

⑦收到錢，就真誠表達歡喜

大多數的人收到錢的時候都會很高興，卻恥於表現出這樣的心情。大部分的人無論發生什麼事都會壓抑情感，被教導要避免談到錢的事情。即便覺得生日收到禮物開心一點無妨，但是收到錢的時候，卻不知道為何就不會這樣。

下次如果有機會收錢，請你一定要表達出高興的心情。收到錢表達出高興的心情，對方就會想要再給你錢，讓你開心。因為看到別人露出高興的表情是很快樂的事，所以如果收到錢，把這份喜悅的心情傳達給對方知道，是很重要的事。

不久前，我在美國的超市櫃臺拿到兩美元的折價券，不由得喊出來：「哇！好開心。」不知道是不是因為歡喜看到我快樂的表情，站在旁邊的女性就把她的折價券給我了，我想應該是想看我拿到折價券高興的臉吧。當然，我也讓她看到了我特別開心的笑容。

你是否也曾經為了讓認識的店主高興而去買東西呢？雜貨店也好，小小的餐館也罷，人會因為想要看到老闆歡喜的笑臉而去光顧。從他人手上收到東西的時候，表達真誠的歡喜、以笑顏回報，是一直保持豐足金流的好方法。

⑧用錢的時候，祈禱對方幸福

這是從某位導師那裡學來的。我在用錢的時候，總會在心中自言自語：「**希望我的錢，能讓你和你愛的人幸福。**」祝福收了你的錢的人，可以拿去用在購買食物或娛樂上。在使用金錢的時候，請你總是祈禱對方或那家公司可以幸福快樂。

用你的錢去祝福某人，就意味著你創造出Happy Money金流。在你入睡之前，你可以回憶一下當天你曾經付錢給誰，想像一下對方發生了什麼很美好的事。若是以這樣的姿態生活，別人就會發現你是個怎樣的人。不必特意說明，別人就能感受到你溫暖、體貼的能量。

⑨喜歡那個人，就去他店裡消費

網路購物盛行，在線上購物的機會大增，但是從實體店鋪買東西是很有樂趣的事，所以購物中心和一些小商店仍然存在。如果我們一直持續用網路購物，實體店鋪很快就會完全消失了，特別是那些對人們的幸福或生活上來說不可或缺、由在地家族經營的商店就會消失了。

但是，到處都還有實體商店，肯定是因為人們還是「想要看到實際商品，想和店員說說話，得到活力。」**我們都會想在有各種不同的人在的地方、有重大能量的地方，與人產生聯繫。**

在喜歡的人在的店鋪買東西是很快樂的事，就算知道在別的地方買、價格會更划算也不在意，還是會一直想在喜歡的人那裡消費。這是因為我們想讓他人幸福，想讓這個富足的金流一直持續下去。所以，去購物的時候，就去你喜歡的地方，從喜歡的人手中購買吧。買完之後的心情，一定會比從你不喜歡的人或店裡購買好得多。

網購也是，可以在你偏好的網路商店買。在你喜歡的網路商店買，因為流動的是Happy Money，就會有幸福的感覺。

⑩感謝所有的一切！

我從我的導師竹田和平先生那裡學到了創造富足，持續保有富足的深刻教誨。竹田先生以前曾對一個前來拜訪的男人，說出自己嘔心瀝血的想法。那個男人背了債，有金錢上的困擾。竹田先生對他提議：「那我就買下你十萬次的『謝謝』吧！」為了這個，他就必須連續好幾個月，整天都要一直說「謝謝」。

那個男人回答：「我試試看。」最後，他再去找竹田先生的時候，已經不需要借錢了。為什麼？因為他說了好幾萬次謝謝之後，已經得到「感謝一切」的心理態度這個成果了。

像這樣，總是把感謝掛在嘴上，就會向全世界發出強勁的能量。我們存在於當下此刻，領悟到自己擁有的已經十分足夠。

純粹以「生存」的觀點來看，我們已經充分得到滿足，需要的東西都已經擁有。**察覺到已經滿足的充足感，是宇宙間最強大的力量。如果你把衷心感謝當作信條，就真正能如同字面上說的，任何事都能達成。**

第5章

金錢的未來

happy money

世界正在進化

本章要嘗試探究「金錢的未來」，了解不只是你的錢將來會變成什麼樣子，也要看一下這個世界上金錢的角色會變成什麼樣子。

隨著世界不斷變化，我們的生活也跟著改變。在很近的未來發生的變化可能會超乎我們的想像，這些改變對人類來說，也許會引起情感上的重大混亂。

我們必須面對現實，將來有各種難題正在等著我們。三十年後，預估二〇五〇年世界人口將達到一百億，糧食需求預測將會增加七〇％，海裡面可能充滿了塑膠垃圾。

由於地球暖化，海平面的水位與農業都深受影響。需要照護的高齡老人增加，必須因應各式各樣的健康問題或能源需求增加的問題。階級鬥爭和政治緊張升高的事態，或許也會同時發生。

的確，我們背負著許多難題，但是在過去兩個世紀裡，已經改善的領域也非常多。現在許多人都能夠活到八十歲以上，曾經會奪走性命的許多疾病幾乎已經根絕，或是有方法可以治療。先進諸國大部分地區的水，都已經沒有霍亂弧菌或寄生蟲的汙染。

在大多數的國家，人們可以過著和平的生活。像一、二次世界大戰那樣造成千百萬人死亡的戰爭，已經超過七十年沒有發生。遺憾的是，部分地區還是紛爭不斷，但就算國家之間有什麼摩擦，也還不至於發展到戰爭的地步，而是透過外交來平息糾紛。在日常生活的層次，拜工學與建築學的進步所賜，我們都已經能在有空調的房子或公司裡生活。

在先進國家生活的人，大多數幾乎都不需要為嚴酷的天候變化煩惱，而且能夠便利使用電力，不像以往那麼仰賴煤炭或石油。隨著科技進步，我們享受了比過去更多的自由時間，與相隔遙遠的人們也幾乎可以立刻免費取得聯繫。

如果是以前，需要花很多時間與勞力蒐集的情報，現在可能只要幾秒鐘的時間，真如字面上的「動動手指」就可以搜尋到了。

還有，我們也開始覺得藝術、真相、生存的意義、幸福等的追求方式有無限多種。在這一層意義上，可以說是一個了不起的時代。

金錢在未來扮演了什麼樣的角色？

關於金錢，所謂幸福的未來，可能就是一個不用花錢，或是只要用一點點的費用就可以行使社會特權的人大幅增加的世界吧。

擁有許多幸福生活不可欠缺的物品或服務，這些東西就算不至於免費，也是任何人都能用便宜價格買到的世界。

一個大家都能獲得教育或通訊、能源、優質食物、各式各樣的機會，而且這些都跟你有多少錢無關的世界。

關於前述這樣的世界，共享經濟——物品、服務、場所等，跟多數人共享、彼此交換利用的社會分享架構已經實現，例如共享汽車、群眾募資等。人們一直在學習能讓東西更有用或是分享自己獲得的東西的方法。

過去，我們都認為「對人類的生存來說，錢很重要」，但是將來應該不會是這樣。當然，金錢很有幫助這一點毋庸置疑，未來我們也一定需要某種手段來交換能源，但是像「錢是支配命運的能源」的感覺，將來有可能會逐漸減少。

我大膽預測，將來金錢可能會像現在的「鹽」一樣。加爾．盧夫特（Gal Luft）與安．柯林（Anne Korin）合著了《將石油變成鹽：藉由燃料的選擇做到能源自給》（*Turning Oil into Salt: Energy Independence Through Fuel Choice*），這是一本關於替代能源的書。這本書介紹了鹽的歷史，根據內容，有很長一段時間，鹽是用來醃漬肉類使食物可以保存讓人得以過冬的唯一方法。

也就是說，「鹽」曾經是很重要的資源。人們對於鹽的出處、儲存了多少、與其他東西比起來相對價值是多少，這些事情都有正確的掌握，就像「貨幣」一樣。

然而，由於罐頭、冷凍等其他食物保存方式出現，鹽就突然不再是那麼重要的東西了。當然，鹽目前仍是必需品，但是我們不必靠鹽來決定自己是否能夠安然過冬，也不大會有人在家裡儲備鹽了。

而今，石油就像過去的鹽一樣存在。現在石油非常有價值，因為作為汽車、飛機、船舶的燃料來說，沒有其他更好的選擇。就像人們因為錢而產生不和，各國也圍繞著石油的控制問題產生各種摩擦。

但我們已經陸續找到替代汽油作為燃料的東西，有一天石油可能也會跟鹽走上同一條道路。將來也許仍會使用石油，但需求量將會大幅減少，變成充足又便宜的東西吧。我認為，金錢有一天也會跟石油走上同樣的命運之路。

但我的意思並不是我們會生活在一個「沒有金錢的世界」，而是會生活在一個「不會對沒有錢感到害怕的世界」。

這一點就是現在跟未來的重大差異。最終，即使在我們的集體意識（潛在意識）下，也不會再將「錢」與「自由」畫上等號了。就算沒有錢，我們也會感覺到「幸福」與「自由」，從而得到「安心感」。那是因為我們發現，幸福或安心、自主性這種東西是內在的問題，要得到這些東西需要的就是「活在當下」、「投入目前這一刻」，並且「把自己的時間和才能都投注在喜歡的事情上。」

樂觀派？悲觀派？你如何看待未來

你未來對金錢的看法，我相信會隨著意識或成長而改變，可能是悲觀的看法，也可能是很樂觀的看法。這兩種看法的差別在哪裡，讓我來說明一下吧。

「樂觀派」的看法，也就是認為「物質很豐富」的人，認為未來這些領域會有充分的就業需求——研究、工程、藝術設計、娛樂、食品營養、醫療、太空技術、廢棄物管理、再生能源、ＡＩ相關領域。這些領域不只持續有工作需求，也會隨著科技的飛躍性進步而更加擴大，他們是這麼認為的。

的確，被自律機械（機器人）取代的工作可能增加，但是必須要有人類參與的工作也很多，人們應該會繼續重視由人類做的設計或職業工匠的技術。此外，人類會越發易於接受教育，現在已是如此。只要透過網路，任何人都能獲得接受高度教育的方法，只要系統夠新就可以。

實務上，司機、工廠勞動者、農場勞動者、會計相關工作，還有其他常態型的事務工作，很容易被演算法取代，可能都會變成感應器或機器人的工作。但是，對未來抱持樂觀看法的人，認為我們將對這樣的變化抱著期待、感謝的心情、愛與冒險心態。

另一方面，「悲觀派」或是「有匱乏意識」的人，認為未來將引發階級之間的對立，上流階級掌控大部分的財富，認為只要投資那些能夠滿足他們私利私欲的東西就可以了，而中產階級或勞動階級將會為此感到憤怒。想當然耳，這種不幸的狀態，當然會損及人們的創造力與生產力，妨礙社會地位的提升與整體福祉。

悲觀的人會說：「我已經絕望了」，把所有問題都歸咎ＡＩ和科技。完全基於「恐懼」的看法，他們主張ＡＩ會害我們目前常見的許多工作都被奪走，而且由於會成為以ＡＩ為中心的世界，整個社會將變得冷漠、不友善，企業優先考量賺錢、而非個人的基本權利或需求，他們是這麼認為的。

現在，有相當多人都相信「社會將遭到分裂，變成不公平的世界」這種論述，甚至很多人都感覺到「自己被蔑視、被遺忘」。在整個世界上，有很多情況根本上都是基於恐懼，利用新聞頭條與政治的華麗辭藻在支配、操縱人心。

有錢的人們經常覺得「自己的錢被不努力的人奪走」，而貧窮的人們則是感覺「自己被有錢人壓榨」。

好像一個真正幸福的人也沒有，大家都心懷恐懼……我想，如此悲觀看待未來的人很多。

要迎接什麼樣的未來，你可以自己選擇

未來會變成什麼樣，仍然是未定論。

我們會迎接什麼樣的未來，是我們可以自己選擇的。

關於金錢，你可以選擇要與金錢保持什麼樣的關係，設法成為一個有錢人，也可以不要成為有錢人。你可以盡量在幸福的金流中生活，也可以在不幸的金流中生活。你可以用你的錢讓身邊的人感覺幸福，也可以讓他們感覺悲慘。

你可以選擇冒點險，以你喜歡的道路為目標，也可以選擇避開風險，停在安全的地方，執著於你擁有的、知道的。**無論你選擇哪種看法，總有一天都會反映在你的人生**。

你的未來，由你自己決定。而你的選擇，將不會只給你自己，也會給家人和周遭的人的未來帶來影響。如果你在經濟上相當幸福，那麼你帶給周遭的人幸福的可能性就會增加。如果你想散播幸福，首先就從你生活中可以做到的事情開始吧。

你可以開始與金錢建立良好的關係，創造你的Happy Money金流。

如果能夠做到，Happy Money金流的漣漪，就會傳送到你周圍許多人那裡去。一旦懂了在Happy Money金流中生活的快樂，他們應該也會想要創造Happy Money金流。

你現在就可以激起許多人人生中的漣漪，非常簡單。

當錢來到你的身邊就說聲「謝謝」，當錢從你的身邊出去，再說一次「謝謝」就可以了。

你主動激起漣漪，之後在每天的生活中，就會有不一樣的感覺。明明身邊的人都一樣，但你會開始感覺到與他們的連繫，每天愈來愈快樂。

對你來說，最重要的是什麼？

對你來說，最重要的是什麼？

大多數的人應該都會說「家人跟朋友」吧？這是很好的答案。那麼，我換句話再問一次。

在你身邊親近的人，從日常生活中的言行舉止，你認為對你來說真正重要的東西是什麼？問到「真正重要的東西」，我們都能夠講出正確的答案，但是真正看重的是什麼則表現在日常的言行舉止中。**你把多少時間和精力用在什麼地方，就能夠看出對你來說真正重要的是什麼。**

現在，我再問你一次：

「對你來說，真正重要的是什麼？」

或許，現在就是你重新檢視的時候，就是你加入Happy Money金流重要性的第一步。清楚什麼東西對自己最重要的人，就會知道自己該感謝什麼，也會發現「重要的東西」能夠幫助你克服人生中的許多障礙。

你可能聽過類似這樣的建議：

「就算是薪水低、你並不喜歡的工作，也要帶著笑容認真去做吧，因為你並不知道誰正在看著。」

我們往往會因為能力與熱忱受到好評，很多人或許都覺得這句話「聽都聽煩了」，這是因為大部分的人在努力工作時，都覺得自己沒有獲得被人看見的幸運機會眷顧的緣故。

幸福人生的唯一必要條件

在這裡，我就告訴你一個小祕密吧。

你所期望的東西之所以會接近你，並不是因為你「幸運」，是因為你懂得擁有「感恩的心」。

總是對自己擁有的東西表達感謝之意的人，能夠為自己的幸福負起責任。這樣的人，總會心懷感恩地說「謝謝」，然後在應該採取行動的時機來臨時，「負起責任，做出回應」。

這表示他們有「應對」的能力，痛苦的時候可以度過難關，狀況好的時期也可以發自內心享受快樂。由於沒有任何隱瞞，所以對自己跟周遭的人都可以正直坦率。因為本性認真，所以對工作也很認真投入。這樣的人，一定可以創造出人生的機會，這是時間的問題、狀況的問題。機會並不是靠運氣，也不是靠別人。

對自己擁有的東西心懷感謝，在機會出現的時候能夠掌握機會，純粹是因為擁有「應對能力」(response-ability)。

如果你可憐自己，沉浸在自我憐憫當中，或是認為自己能否成功不是自己的責任，而是靠運氣或有沒有「賞識」你的人而定，那你很容易就會落入所謂的「不幸」。

將來會成為哪種情感的主人，是看我們是否有意願去承接那些我們可以利用的豐富財產，是否有意願負起責任因應那些等待著我們的難題而定。如果我們願意去做，身旁的世界就會充滿正面能量，我們的金錢也會充滿正面能量。

Happy Money的流通是超越世代的

由於我們太習慣「匱乏的神話」與「贏家通吃」的思考模式，所以當別人真的對我們做了「寬厚」的事時，我們往往很難忘記。那是很特別的事，所以擁有改變人生的力量。

日文中的「謝謝」，漢字寫作「有難」，純粹就字面解讀就是「很難擁有」的意思。因此，當我們對誰說「謝謝」的時候，就是對他們為我們做了很困難又特別的事情道謝。

我聽過有個男子的祖父是位成功企業家的故事。他的祖父是一位寬宏大量的人，受到周圍的人尊敬和愛戴。這好像也是很常有的事，這個孫子在寵愛中長大，沒有商業頭腦，後來使得祖父的公司倒閉，失去了祖父留下來的所有金錢與不動產。後來，這個孫子與他的家人，只好搬到一間小小的公寓。

有一天，有一位相當高齡的陌生老人來找他。

「我本來是個孤兒，由於你爺爺心胸寬大、情深意重，讓我得以找到工作。」

老人這麼對他說，還回憶了他在他祖父的家裡，接受了壽喜燒火鍋款待的往事。老人憶起在他祖父家接受好吃又溫暖的餐點招待，還有他祖父給自己充滿愛的教導時，總是帶著笑容。

老人是這麼說的：「你爺爺總是對我非常親切，教我做生意和人生的種種。我之所以能夠有點成就，一切都是拜你了不起的爺爺所賜。」

孫子聽完後納悶道：「請問您現在找我有什麼事嗎？」

「我聽說了你的現況，就一直在找你。因為你爺爺對我非常好，為了表達感謝，我想把這個送給你。」

語畢，便將一個包裝好的大盒子交給了孫子，裡面裝的是送給他家人的一組壽喜燒鍋具。

後來，他為了準備晚餐，將那個大鍋子從盒子裡取出來之後，孩子們才發現裡面有個信封，放了一張支票，那是足以購買一間獨棟房子的金額。上面貼著一張便條是這麼寫的：「請你用這筆錢，跟家人一起重新站起來吧。」

因為在寵愛中成長，從來不知感恩的孫子，也因為這個「感謝的象徵」而大受感動。這樣的刺激，使他與老人產生了同樣的變化——從陌生人那裡拿到錢、善加利用，獲得了重大的成功。他祖父Happy Money的能量，即使過了五十年的歲月，仍然擁有將孫子的人生帶往正面方向的能力。

如何創造安心感？

所謂「豐足」，並不是金錢，而是從你自己的內在找到。「安心感」也不是金錢，而是從人際關係中找到。

很多人往往認為：「只要有很多錢，人生就安穩了。」所以，不論有錢人或窮人，大家都想要更多錢，都希望能夠覺得「安全了」、「一切都準備好了」。就是因為這樣，一談到錢，很多時候都會懷著莫大的恐懼。

但是，金錢卻未必能夠帶來安心感。

什麼才能夠帶來安心感呢？

那就是「良好的人際關係」，沒有什麼比永續的人際關係擁有的深刻情誼更能夠帶來安心感了。痛苦的時候，如果能夠仰賴其他人的支持，就不需要對失去金錢懷抱恐懼了。如果你認真想要追求安心感，就去你的朋友或家人身邊吧。

這是在提醒你，不要一直擔心存款或開銷的事，要懂得把時間投注在人際關係上。這麼做，你的心情也會變好，萬一發生了什麼事，只要你的人際關係足夠健全，就會因為能夠得到幫助而感到放心。

請試著學會不要再把「安心感」跟「金錢」綁在一起吧。這麼做，你應該就能夠體會到不必為金錢一直擔心而得到的解放感。

思考一下擺脫金錢遊戲的方法

每個人都在某種程度上被金錢捆綁，如果我們學會重新看待「如何與金錢交往」這個遊戲的話，便是啟程前往自由的道路。這個遊戲對有錢人或貧窮人來說，會是完全不同種類的遊戲。不論你玩哪一種遊戲，有件事是一樣的，那就是你要和別人一起玩。

那麼，我們如何知道這個遊戲自己究竟玩得好不好？大概就是看競爭對手的表現吧。看對手的狀況如何，然後自己加以比較。我們會假想好像自己得分的情況，或是分數被對方拿走的情況，判斷自己玩得有多好。

但是，我們會在這樣的遊戲中感覺到勝利嗎？恐怕往往感覺不到。

就算我們感覺自己贏了，看到某人令人嚮往的生活時又會想：「我也要過那樣的生活！」

就這樣，我們持續不斷地把「我還不夠」的訊息，傳送到自己的大腦。

因此，無論賺了多少錢、存了多少錢，還是會覺得自己輸了這個遊戲。幾乎就連玩得很順利的時候，也會感覺心情不好。

金錢遊戲會影響到一個人的心理，讓所有玩家都有失敗者的感覺。即便是特別有錢的富豪，心情也不覺得好，因為就算有避暑專用的大別墅或私人飛機，也取代不了深刻、堅固的人際關係與真正的生存價值。中產階級的感覺也不好，就算想對身邊的人證明自己的價值，也常常覺得筋疲力竭。低所得的人心情更是低落，放棄了實現夢想的可能。

那麼我們該怎麼做，才能夠擺脫金錢遊戲呢？

忘掉你的假想敵，把你自己當成遊戲對手。

不要和別人比較，拿今天的自己跟昨天的自己比。

真正能給你評價的，只有你自己。你可能認為別人正在評估你，實際上多少也是如此，但次數並沒有你想的那麼多。如果你知道其實有多少人正羨慕著你的某個部分的話，一定會很訝異吧。

我個人見到大富豪的機會很多，每次我總是很喜歡問一個問題。

「你從什麼時候開始感覺到『自己是有錢人』的？」

我預期的答案是這樣：

「第一次賺到一億日圓的時候（或是五億日圓、十億日圓、一百億日圓。）」

然而，回給我的答案一定都是這樣。

「我並不特別覺得『自己很有錢。』」

接著，還會這麼說：「我有個朋友還有私人飛機，我根本買不起。」

即便是經營大企業，除了家人居住的房子之外還有好幾間房子，擁有好幾輩子所需要的金錢那樣的有錢人，也不覺得「自己是有錢人」。

什麼時候才會覺得「自己足夠了」、「自己很有錢了」，關於這點，跟別人比永遠都比不完，尋找別的判斷標準肯定比較好。因此，把自己當作金錢遊戲競爭對手，才是最好的辦法。

從金錢遊戲畢業的新規則

你現在玩的金錢遊戲很可能是跟別人比較，結果變成就算是你不需要的東西，也會讓你覺得「想要更多」。全世界玩的幾乎都是這樣的金錢遊戲，因此要避免加入並不容易。如果你想從這樣的遊戲中脫離，無形中也會有股壓力把你帶回去，要你跟大家用同樣的方式生存。

但是，一旦你成功脫離這種遊戲，你的感覺將會徹底改變。即使是在同一個地方工作，收入金額也沒什麼不同，你已經無須配合他人的期待而活，因此會感覺更加幸福。你會自己決定新的遊戲規則，即使還是為了增加財產、得到更多東西，你也不再是為了玩得比其他競爭對手好而玩。

你會選擇讓自己感覺是勝利者的工作。也就是說，你會選擇自己最喜歡的工作，或是轉換跑道，選擇更適合自己的能力或天賦的工作。金錢（收入）或許不再是你判斷「勝利」與否的基準。

你的判斷基準將會是增加與朋友家人共度的時間，或是花費在你的興趣與喜歡的事情上的時間，用於帶來幸福與喜悅的活動的時間也會增加。

掌握經濟自由的要素

那麼，藉由這個機會，發掘在你身上沉睡的才華如何呢？

請你自問——

做什麼事，讓你感覺興致勃勃？

你真正擅長的是什麼？

把令你興致高昂的事變成工作，工作順利，有一天就會把你需要的金錢與客戶全部吸引過來。

但這不是輕易就能夠辦到的事，而且並不表示你可以不去學習有關金錢的基本事項——得到充分的收入、有充分的儲蓄，以及充分的開銷。

只要你掌握得好，應該就能在三到七年內得到經濟上的自由。我看過無數這樣的人，這是千真萬確的事，只要你下定決心，就可以做得到。

Happy Money的流通，任何人都能夠創造

很多人從幫助他人得到想要的東西中找到喜悅，藉由幫助他人，得到與他人產生連結的意識及幸福感。

這就是幸福的波及效果。你不必是百萬富翁，也可以帶動Happy Money的流通。

請你想想看，如果大多數的人都下定決心擺脫金錢遊戲，這個世界會變成什麼樣呢？可能會發生什麼事呢？

我來分享一下我的想法吧。

當我們大家都進入Happy Money的流通中，為這個流通作出貢獻之後，將會發生這樣的事——

有錢人會把更多自己的財產分享給那些沒有受到老天眷顧的人，中產階級會願意多冒點險從事自己喜歡的工作，生活窮困的人將會更有安心感，對未來抱著希望，接受富裕階級支援的恩惠。結果就是家庭內的紛爭、金錢糾紛、犯罪都減少了，更進一步來說，社會和世界都會變得更祥和。

我們若能成功卸除基於恐懼的負面思考，更投入於當下這個瞬間，做更多會帶來幸福感覺的事，毫無疑問可以創造出大家互相支持、鼓勵的環境。

世界最幸福的國度——不丹

幾年前，我有幸得到機會去了一趟不丹，我去的目的是為了寫關於「幸福」

的書做調查。不丹被認為是世界上最幸福的國家，我在實際去到那裡之前，曾經想像過不丹人都是帶著笑容，對外地人能夠敞開心胸微笑說「哈囉」吧。

然而，去到那裡之後，我才發現如果能看到哪個人的笑容就真的很幸運。人們非常害羞，發現有外國人就會躲起來，生活方式非常簡樸。

不大有人擺出一副「來看看我！我現在很幸福喔！」的態度。對他們來說，幸福是更安靜的東西。他們很滿意每天的生活，對自己擁有的感到滿足。

我問了一些不丹人這個問題：「你擔心什麼事嗎？」令我訝異的是，他們大多是這樣回答的：「目前沒什麼擔心的事。」這個國家擁有免費接受醫療服務的制度，人民相信如果發生什麼事的話，朋友或國王會來幫助他們。

如果我在先進國家問同樣的問題，那些關於職場或對伴侶、小孩、政府的不滿，應該可以讓我至少聽上三十分鐘。

可是在不丹，所有聽了我的問題的人，都很滿意自己的人生。他們不會被捲入互相比較、互相評論的遊戲之中。他們其中一個人是這麼說的：「我有很棒的家人，也有工作、房子，還有什麼是我需要的嗎？」

我非常震驚。確實，如他所言，還有什麼可以讓他感覺幸福，是他真正需要的呢？

雖然如此，我們生活在一個與不丹截然不同的世界裡。不丹人民過著簡樸、最低限度需要的生活，很適合這樣的生活方式。

我們最應該向他們學習的，就是這種知足的心態吧。但這不是說回到過去的生活才是好的，而是說我們應該發現適合自己的生活方式。

所謂「幸福」，由我們自己定義。然而，由於我們沉迷於比較的金錢遊戲之中，所以一味認為「擁有更多」就是幸福。

正因如此，過去一個世紀，我們一直都毫不懷疑地接受「再加油一點，再努力一點！這樣你的夢想就會實現」的神話。

但是事實上，我們在「更努力、更拚命工作」之後，到底得到了什麼？得到更多東西了嗎？難道不是得到了更多壓力？

我從不丹回國之後，盤點了一下自己的人生。我思索：我們擁有的遠遠比不丹人民更多，但是有比較幸福嗎？

現實就是「沒有」。

不丹人比我們更懂得享受幸福。**想要獲得幸福，我們不需要跟不丹人民過著同樣的生活，但是我們必須像不丹人一樣，自己決定只要擁有什麼就是獲得充分幸福。**

發揮你的天賦才能，為世界作出貢獻

本書已經接近尾聲了，讓我對你說一段很重要的話。

你有選擇自己人生的自由。

你可以做你自己想做的事。

不要因為沒有錢就打消念頭。

我們有很多擔心的事，表面上可能跟錢、工作、人際關係有關，但其實是對自己或將來感到不安。

請不要被不安或恐懼欺騙，因為我們覺得不安的事大多不會實現，卻把大部分的能量都消耗在擔心這些事情上，只是在浪費我們的時間、才華還有潛能。

當你感覺好像聽到天上有聲音叫你去做什麼事的時候，就冒點險去做吧。在大部分的情況下，做這些事都是正確的選擇，會把你的層次往上提升。

我以作家身分出版了多本書籍之後，出席了高中同學會，我就讀的是一所基督教男子高校。很多同學和老師知道我當了作家都很驚訝，他們以為我進了法學院，應該會像我父親那樣當稅務士或律師吧。在他們眼裡看來，作家是我最不可能走上的道路。

其實，最驚訝的人是我自己，我沒想到自己會成為作家，到現在還常常覺得不可思議。大部分的人在發現自己身上深藏的真正天賦時，都會非常訝異。天賦才能就是在你如此料想不到的地方沉睡著。

我認為，天賦才能就是「當你準備好為自己的人生負責時，就會出現。」天賦才能是當你發現能讓你幸福的只有你自己時，才會清楚呈現。

明白了這一點之後，你的五感就像被喚醒，你會真實感受到「我真的活著！」

不過，只是發現天賦才能，什麼事都不會發生，你必須好好發揮才行，為此你必須認真磨練。想讓自己的天賦才能得以幫助他人、換取金錢，你必須投注時間提升自己的才能。

十八年前，我女兒還很小的時候，我曾經夢見長大後的女兒，因而察覺到發揮自身才能的重要性。在夢裡，長成青少女的女兒問我：「你為什麼不去做一些可以改變世界的事呢？」

我是這樣回答的：「爸爸只是個平凡人，既不是政治人物，也不是大學教授。我並不是那麼清楚這個複雜的世界，說什麼改變世界，我根本不可能做到。」

於是，女兒失望地垂下眼睛，這場夢就結束在這一幕，我就醒來了。

這是一個令人難過的夢，所以我整個心情很亂，覺得自己可悲又渺小。睜著朦朧的睡眼，看著在我身邊睡得很香的年幼女兒的臉，我心想：「將來我一定要當個能讓女兒尊敬的父親！」

我憶起了到當時為止的人生，以及一路磨練出技能的獨特經驗，不待靈感湧現，也無須四處張望尋找，我的「才能」已經對著我大喊：「我在這裡！」

幾年後，我一面祈求這個世界可以變成一個更美好的地方，寫起了關於幸福與金錢的書籍。那個時候的我，完全無法想像自己的書會是什麼樣子，或是所做的一切最後可能帶來什麼影響。

令我訝異的是，我的讀者爆發似的持續增加，我傳遞的訊息事實上也給數百萬人的人生帶來影響。

現在，我想交棒出去。

接下來，輪到你去做對世界有貢獻的事了。請你開始做讓你興致高昂、不能不做的事，請你開始做讓你感覺到生存價值的事，請你開始做對你身邊的人有幫助的事。是你的話，一定可以辦到。

不管那是什麼事，你目前不知道也沒關係。**當你心裡開始冒出嘈雜的聲音，用心觀察，你會發現你的天賦才能正在閃閃發光。**

創造Happy Money金流的五個步驟

作為本書結尾，我將所有內容重點歸納出你今天就可以採取的五個步驟。透過這些步驟，你也可以進入Happy Money金流之中。

①拋開匱乏意識

每個人都能夠選擇要對金錢擁有什麼樣的意識，正因如此，我把抱持著「我很富有」的意識當作邁向 Happy Money 金流的首要步驟。我們至今一直都被灌輸「世界上的錢不多，必須在別人取得之前先到手」的想法。

因此，我們在意金錢在意得不得了，這變成我們的文化。我們一味想著自己「擁有多少」或自己「還差多少」，親手摘除了過著美好人生的可能性。

為什麼？因為我們打從一開始就認定「如果冒險去做自己真正想做的事，就必須辭掉目前的工作。這麼一來，就無法生活。」

「這個世界的本質並不十分豐裕」，如果抱著這樣的匱乏意識，很容易就會產生無力感，對自己、對周遭的人就不大能夠寬容大度。

相反的，如果你抱持著「世界上各式各樣的東西都非常豐富」的意識，就能夠看見新的可能性，也更能夠發揮創造力。對於人生中發生的困難，應該也會處理得更完善。

這是因為你解放了自己，懂得創造自己的命運。

②懂得體諒，治癒你與金錢相關的心靈傷痕

一個人「對金錢的姿態（態度）」幾乎都是繼承而來的，讓我們承接這些東西的人，也是從別人那裡繼承而來的。如果你覺得繼承了這些觀念讓你很氣惱，就無法創造出Happy Money金流。你的先人們，也是因為不夠成熟，所以弄錯了很多事，你現在應該能夠理解才對。

請你想像一下在這個時期的你的父母，由於恐懼心理採取了一些行動，因為他們不知道還有什麼其他更好的方法，所以不得不如此。

如果你對他們身處的情況或他們的人品有同理心的話，就能夠理解他們為什麼會做錯。你心有餘裕的話，應該能夠體諒他們吧。

學習優雅處世，如果你能夠體諒他們，心裡就會覺得比較輕鬆一點。**透過體諒他人、體諒犯錯的自己，就能夠切斷Unhappy Money的循環。**

當你懂得體諒、進入療癒的程序，就能夠朝著新的Happy Money金流的方向

前進。原諒過去的事，過去的傷痕就不會再阻礙我們通往現在的幸福，我們也不再覺得金錢彷彿有一股無法控制的詭譎力量了。

當你真的能夠做到，就能夠真正獲得解放，創造你的Happy Money金流，用它來幫助自己。

③持續探索你的天賦才能，創造Happy Money金流

每個人都帶著某種才能誕生，有的人小時候就發現了，有的人花了很多時間才發現。發現自己的天賦才能、找出能為自己帶來喜悅的東西，是人生中很重要的事。

不要再背著沉重的過去，這麼做你的才能將以驚人的速度立刻顯現出來。我建議你先盤點你的人生，回想一下你的發展，每個點都開始連接起來。

釐清你的天賦才能之後，你就能夠逐漸習慣進入心流，請把它養成一種習慣。一旦你能夠提升心理素質，困難的事或辛苦的事，在你面前應該都會立刻變成享受或冒險。

然後，把你的才華分享給世人吧。這個時候，你就可以帶動Happy Money金流。當你足夠了解真正的自己，知道最能夠讓自己感覺活著的地方，就能夠建立信賴的基礎，因為你沒有任何東西需要隱瞞。

愈是磨練自己的才華，愈是分享自己的才華，就愈能夠創造Happy Money金流。

④信賴你的人生

信賴占據了一大部分幸福的狀態，如果你能夠發自內心相信自己和身邊的人，你的人生將會變得輕鬆很多，原本每天抱著對未來的不安，也會逐漸消失不見。如果大家都開始帶著富足的感情與意識關懷彼此，有了錢也會自在分享美好的事物。

此外，對未來可能發生的事情感覺到的恐懼也會消失，因為能夠放心相信別人，別人也能相信自己的話，就會令人感覺心安。

「信賴」與「恐懼」無法共存，只能有一種存在。「信賴」使我們更加活躍、更有創造力、更自由，「恐懼」則會壓抑我們的行動、背叛我們的意圖，甚至引發憤怒。

若內心有足夠的信賴感，就能從別人的期望這股沉重的壓力中解脫。風險也早已不覺得是風險，你會發現幾乎所有原本你擔心對自己是負面的事，其實都是很重要的正面的事。你也會發現，很多表面上看來是「壞的」事情，就結果而言其實是好的。

不論是正面的事或負面的事，到頭來所有的事都各自用獨特的方式在支援我們的人生。能夠了解這一點，你就不再因為認定人生中發生的事是「好事」或「壞事」而感到退縮不安。因此，相信自己人生的人會更加熱情，也比較容易成功。

當我們信賴自己或他人時，就能夠成為真正的自己。

⑤隨時表達感謝

在Happy Money大量流通的世界，大家經常能對人生中流動的能量互相表達深切的謝意。不會永遠都把自己的錢抓得緊緊的，進一步給予、歡喜接受，才能創造Happy Money的流通。

每當說「謝謝」的時候，這份「感恩的心」擁有的正面能量，會為我們的人生招來更多金錢。

世界上有兩種人：經常用言語表達感謝的人，以及經常都在找對象責備、抱怨的人。你認為哪一種才是可以吸引他人的人格特質呢？

對人生感恩的人受人喜愛、容易親近、更有魅力，就長期結果來說，這樣的人會為自己的人生招來各式各樣的機會。

在每個人的人生當中，當然會有無法按照計畫的時期。但是，一顆充滿感恩的心，將能產生穿越狂風巨浪的力量。因此，盡量表達出感謝的心情吧，也對自己表達出感謝的心情吧。如果你活在感恩的流通中，你的人生將會充滿意想不到的奇蹟。

當我們與身邊的人都能夠進入這樣的正向流通當中，身邊將會圍繞著Happy Money金流。

你的人生由種種經驗累積而成

當你的人生就要結束的時候，你躺在床上應該不是擔心「自己賺了多少錢」或「帳戶裡還有多少錢」這種事才對。

你應該是回顧自己愛過的人以及自己做過的事才對。運氣好的話，在你離開這個世間，最愛你的人們應該會圍繞在你的身邊。

我想說的是，人生中最重要的並不是財產，最重要的是「人」，是「你」。所以，**請你把重點放在最能夠讓你感覺到「活著」的事情上，盡量創造美好的回憶。**

請把你的時間、金錢與能量，也就是Happy Money的兌換券，交給你最重要的人、你愛的人、你感謝的人使用吧。千萬要小心金錢的使用途徑。

跟你所愛的人創造回憶，不見得需要太多金錢。好好發揮你的創意吧。不論你想做的是什麼，請你敞開心胸，接受更多的可能性。

機會是當你發揮創造力的時候、冒著風險的時候、帶著感謝的心情或希望、抱著「富足」的想法的時候、不抵抗學會接受的時候，才逐一開創出來。

請你帶著感謝的心情、溫柔與愛，好好對待自己和所愛的人。這麼做，人生也會用同樣的態度與你交往。

我真心希望你能夠變成這樣。

我祈禱你的心可以得到安穩、幸福與繁榮。

這本書充滿了我對你的祝福。

最後，我由衷對你表達感謝。

希望幸福與Happy Money圍繞在你的身邊！

譯者後記

非常感謝您將這本書讀完，這本書是集我近二十年來作家人生的大成寫成的。原著用我不習慣的英文寫成，非常辛苦，我相信也因此與我的前著有著不同的味道。

我是英文版原著作者，也是日文版的譯者，以同一人的身分來寫後記有點奇怪，但我想談談寫完這本書的感想。

本書的原著以英文寫成，也將以義大利文、德文、俄文、捷克文、波蘭文、葡萄牙文、西班牙文、中文、韓文、日文等，在歐洲、中南美洲和亞洲出版。

由日本人寫英文書，並在全世界翻譯出版，這樣的例子並不多見。在這本書之後，我有預感，許多原本以日文寫成的暢銷書也將會翻譯出版，因為全世界都對日本文化有興趣。

回顧歷史，世界上曾經數次引發日本風潮。用浮世繪當作陶器包裝紙出口的一八七〇年代，當時法國很流行日本文化，給梵谷等畫家帶來衝擊。書籍方面，一九〇〇年出版新渡戶稻造的《武士道》，在全世界引起廣泛閱讀。一九五〇年代後半，鈴木大拙的禪學入門蔚為風潮，影響了包括賈伯斯在內的當代領導者的內心。

經過將近六十年，目前有藝術家村上隆、作家村上春樹，以及整理達人近藤麻理惠的著作在全世界廣為閱讀。東京奧運之後，將會出現許多在全球活躍的日本作家和藝術家，讓世界上更多人知道日本文化的美好，是非常令人高興的一件事。

日本由於位於極東的地理因素，以及語言因素被世界孤立。雖然日本觀光客全世界到處去，但是並不與當地人民交流，只在觀光地區購物，頂多一週左右就回國了。真正融入當地移民的日本人屬於少數，可以的話，老了之後他們也想回國。光是這樣，或許就能夠證明現在的日本，並不是一個能讓人感覺舒服自在的國家。

在網路上所有的資訊當中，日文資料只不過占一％而已。生活在日本，是不大能夠發現到這一點的。在世界上，日本呈現一個「幸福的鎖國狀態」。

中國、韓國等國，舉國上下都在對外發出信息，日本卻不大有這樣的動作。未來，如果日本不進行這類信息發出，是不是會被世界遺忘呢？我有點擔憂。好不容易才聚集了一點關注，若真是這樣發展，只能說非常可惜。

回到本書的話題，我是英文原作者，也是日文翻譯者，為了更好懂，很多地方我都重新寫過。為了多少保留一點英文書的味道，日文版有些地方我留下了英文的表達方式，這點還請見諒。

來談一下這本書的主題「幸福與金錢」吧。金錢是超越宗教、文化、年代、性別，是世界上所有人都很想要、很希望擁有的東西。

應該很多人都認為「只要有錢，人生就會變好」，但我相信讀了本書的各位，應該能夠理解這並非事實。

對金錢觀念的迷思和誤解，是你人生幸福快樂的最大障礙。能夠從金錢得到自由的人，只有人口比例的幾個百分點而已，而且都是六十歲以上的人。如果你想在年輕時就得到金錢上的自由，就必須大量學習跟金錢有關的事物，並且採取許多正確的行動。

想要做到這件事，首先你要下定決心——「我要得到金錢上的自由！」雖然不知道要花多少年的時間，但現在若不下定決心去做，就什麼也不會發生，只有時間會一直流逝。雖然也因人而異，但是從數年到十年左右，你就會得到經濟上的自由。現在的你，或許會覺得這樣太久了，但是途中會發生很多讓你覺得興致高昂的事，所以你其實應該會覺得只是一瞬間。

任何事情最重要的就是「真正下定決心」。當你設定好導航目的地之後，就會有路徑出現。在你決定要得到經濟自由的那一刻，一切已經啟動。

就算你現在毫無頭緒，只要不放棄，就能找出讓你發自內心覺得興奮期待的事。請你一定要找到，徹底追尋。請你相信自己，往前邁進。因為你擁有自由創造人生的力量。

請你也在情感上擺脫金錢束縛，獲得自由。如果能夠做到的話，應該就能把焦點放在對自己真正重要的事情上。

你可以和家人聊聊跟金錢有關的事，你可能會聽到連做夢也沒想到的故事。

不只是你的雙親，也請你更了解你的祖父母。這麼做，你將會感受到自己的生命與祖先緊緊相連。

願你今後的人生充滿美好的回憶！

本田健　寫於春之八岳

happy money

打破匱乏的神話，
你有選擇自己人生的自由。
培養應對能力，
你可以做你自己想做的事。
不要因為沒有錢就打消念頭，
你可以創造 Happy Money 金流。

Star 星出版 生活哲學 LP005

快樂錢商

一瞬で人生を変える お金の秘密

happy money

國家圖書館出版品預行編目（CIP）資料

快樂錢商／本田健 著；張婷婷 譯 . 第一版 .–
新北市：星出版 , 遠足文化事業股份有限公司 , 2021.05
288 面；14x20 公分 .--（生活哲學；LP 005）.
譯自：一瞬で人生を変える お金の秘密 happy money
ISBN 978-986-06103-2-1（平裝）
1. 金錢心理學 2. 理財 3. 財富

561.014　　110005946

作者 — 本田健 Ken Honda
譯者 — 張婷婷

總編輯 — 邱慧菁
特約編輯 — 吳依亭
校對 — 李蓓蓓
封面設計 — 兒日設計
內頁排版 — 立全電腦印前排版有限公司

讀書共和國出版集團社長 — 郭重興
發行人兼出版總監 — 曾大福
出版 — 星出版／遠足文化事業股份有限公司
發行 — 遠足文化事業股份有限公司
231 新北市新店區民權路 108 之 4 號 8 樓
電話：886-2-2218-1417
傳真：886-2-8667-1065
email: service@bookrep.com.tw
郵撥帳號：19504465 遠足文化事業股份有限公司
客服專線 0800221029
法律顧問 — 華洋國際專利商標事務所 蘇文生律師
製版廠 — 中原造像股份有限公司
印刷廠 — 中原造像股份有限公司
裝訂廠 — 中原造像股份有限公司
登記證 — 局版台業字第 2517 號

出版日期 — 2021 年 07 月 26 日第一版第二次印行
定價 — 新台幣 400 元
書號 — 2BLP0005
ISBN — 978-986-06103-2-1

星出版讀者服務信箱 — starpublishing@bookrep.com.tw
讀書共和國網路書店 — www.bookrep.com.tw
讀書共和國客服信箱 — service@bookrep.com.tw
歡迎團體訂購，另有優惠，請洽業務部：886-2-22181417 ext. 1132 或 1520